예수님을 만난 신약의 사람들

KB192418

(주)죠이북스는 그리스도를 대신한 사신으로
문서를 통한 지상 명령 성취와 하나님 나라 확장을 위해 노력합니다.

예수님을 만난 신약의 사람들

예수님을 만난
신약의 사람들

진정한 자유를 꿈꾸는 당신에게

조영민 지음

죠이북스

차 례

열세 명의 신약 인물과 함께
그분을 만나십시오!

저는 목회자 자녀로 자랐습니다. 그런 제게 신앙은 '선택의 여지가 없는' 상수였습니다. 청소년기를 지나며 갖게 된 소원이, 집과 교회와 신앙으로부터 독립하는 것이었습니다. 그 소원은 서울로 대학을 진학하게 되면서 이루어졌습니다. 그때 저는 자유를 얻은 것 같았습니다. 그리고 그 자유를 맘껏 누렸습니다. 문제는 그 자유가 시간이 지날수록 허무하더라는 겁니다. 대학교 2학년 때, 한 선배의 권유로 선교 단체가 주최하는 '불신자들을 위한 수련회'에 가게 되었습니다. 제 안에 있던 허무에 답을 찾을 수 있을지도 모른다는 기대로 참여하게 된 것이지요. 하지만 수련회 마지막 날까지 저는 그 답을 찾을 수 없었습니다. 마지막 집회 후 기도하는 시간이 되었습니다. 제 평생에 가장 진지하게 이런 기도를 했습니다. "예수님, 당신께서 '영민아, 내가 너를 사랑한다'고 한 번만 말씀해 주시면, 제 인생을 당신께 드릴게요."

지금 생각하면 웃기지만 그때는 정말 진지하게 기도했습니다. 그리고 어떻게 답하시는지 기다렸습니다. 예상하셨을 테지만 어떠한 신적인 목소리도 전혀 들리지 않았습니다. 꽤 오랜 시간 기다렸습니다. (지금 생각해 보면 약 1분 정도였던 것 같습니다.) 그리고 눈을 떴습니다. 저도 모르게 실망감이 밀려왔습니다. 그래도 뭔가를 기대했는데, 아무런 사인이 없었기 때문입니다. 그때 제 반대편 끝에서 기도하던 한 자매와 시선이 마주쳤습니다. 그 자매는 자리에서 일어나 저를 향해 다가왔습니다. 다가온 그 자매는 제 어깨에 손을 얹더니 이렇게 말했습니다. "영민아, 내가 너를 사랑한다."

저는 사실 앞서 기도할 때, 예수님에게 추가 제안을 하나 했습니다. "예수님, 어순을 바꾸면 인정할 수 없습니다. 쉼표와 마침표를 빼서도 안 됩니다. 줄이거나 늘이서도 안 되고요. 딱 이대로 말해 주십시오." 그런데 그 자매는 정확하게 제가 예수님에게 요구했던 그 문장을 제게 들려주었습니다. 저는 그 자리에 무릎 꿇었습니다. 제 마음에 "영민아, 내가 너를 사랑한다"라는 문장이 쏟아져 들어왔습니다. 저는 울면서 고백했습니다. "주님이 이렇게 찾아와 주셨으니, 이제 저는 주님을 위해 살게요." 이렇게 저는 회심하게 되었습니다.

당시 저에게는 교회를 다니지 않기 위해 만든, 많은 반기독교 논리가 있었습니다. 그 논리를 강화하기 위해 읽었던 무신론자들의 책과 글도 알고 있었습니다. 그런데 그 모든 것이 저를 찾아와 주신 예수님 앞에서 무의미해졌습니다. 질문이 해결되었기 때문이 아니라 '질문을 의미 없게 만드는 이'가 찾아오셨기 때문입니다.

이 책의 내용은 제가 사랑하는 분에 대한 이야기입니다. 제가 믿는, 또 제가 전하는 예수님의 이야기는 제가 만들어 낸 것이 아닙니다. 그분은 이전에도 자기 백성을 그렇게 찾아와 주시는 분이었습니다. 그리고 지금도 그렇게 또 찾아오시는 분입니다.

작년에 저는 "하나님을 선택한 구약의 사람들"이라는 제목으로 구약에 나오는 열세 명의 인물이 하는 선택을 정리했습니다. 다양한 인물과 다양한 사건을 다뤘지만, 그 모든 이의 선택은 하나였습니다. 그들은 '하나님'을 선택했습니다. 이번에 정리한 신약의 열세 인물이 보여 주는 이야기도 비슷합니다. 각기 다른 상황에서 다른 행동을 하는 다양한 이야기입니다. 그러나 이 모든 이야기는 예수님이 어떤 분인지를 보여 줍니다. 저는 회심, 믿음, 치유, 용서, 빛, 인정, 생명, 부활, 주, 사랑, 사명이라는, 각 이야기가 풀어내는 주제를 제시했습니다. 그러나 그 모든 주제가 향하는 곳에는 제가 사랑하는 예수님 한 분이 계십니다.

본문이 가지고 있는 각 인물과 사건의 개별성을 최대한 살리려고 애썼습니다. 그 사건 자체, 그 인물 자체가 보여 주는 이야기를 그대로 전하고 싶었습니다. 거룩한 상상력을 동원해서 인물의 심경이 어떠했을지 생각해 보기도 하고, 조금은 불경할 수 있지만 예수님의 심정이 어떠했을지에 대해 표현해 보기도 했습니다. 신학적 설명이 필요한 부분에서는 가능한 한 정확하게 제시하되, 너무 엄밀해져서 이야기의 흐름을 깨지는 않으려고 했습니다.

그러나 제가 이 인물들을 선택하고, 이 주제들을 정하고, 이 이야기들을 전한 한 가지 이유는 여러분이 기억해 주셨으면 합니다. 저는 예수님의 이야기를 하고 싶었습니다. 제게 찾아오셔서 제 모든 질문을 무의미하게 만드셨던 예수님, 의심하던 이에게, 아픈 이에게, 우는 이에게, 죽은 이에게, 꿈을 잃어버린 이들에게 찾아오셔서 그들을 다시 일으켜 세우신 그 예수님 말입니다. 이 책을 읽는 여러분도 친히 찾아오신 그 예수님을 만나시기 바랍니다. 책에 등장하는 신약 인물들의 경험이 여러분의 경험이 되기를 바랍니다. 그들의 고백이 여러분의 고백 되기를 바랍니다. 이 책을 읽는 여러분도 어느 장 어느 부분에서, 도마가 예수님에게 했던 그 고백, "나의 주, 나의 하나님!"을 고백할 수 있기를 소원합니다.

> 도마에게 이르시되 네 손가락을 이리 내밀어 내 손을 보고 네 손을 내밀어 내 옆구리에 넣어 보라 그리하여 믿음 없는 자가 되지 말고 믿는 자가 되라 도마가 대답하여 이르되 나의 주님이시요 나의 하나님이시니이다(요 20:27, 28).

2023년 10월
작은 도마 조영민 목사 드림

니고데모

바리새인 중에 니고데모라 하는 사람이 있으니

거듭남의 비밀을 듣다

요 3:1-8

과연 구원받은 성도인가

예수님을 만난 신약의 사람들 이야기를 다루는 이 책에서 가장 먼저 만나고 싶은 인물은 '니고데모'입니다. 왜 하필 니고데모일까요? 우리에게 익숙한 그 많은 인물이 아닌, 굳이 니고데모를 선정한 이유가 무엇일까요? 그의 이야기가 '거듭남'이라는, 그리스도인에게 가장 중요한 주제와 연결되기 때문입니다. 청교도에는 "두 번 태어나면 한 번 죽고, 한 번 태어나면 두 번 죽는다"라는 격언이 있습니다. 팀 켈러는 자신의 책 「태어남에 관하여」(두란노 역간)에서 위 문장을 다음과 같이 설명합니다.

이 땅 위에 사는 모든 사람은 한 번 태어나고, 한 번 죽는다. 목숨이 하나이기 때문이다. 그런데 위의 문장은 도대체 무슨 말인가? 한 번 더 태어나는 사람들은 무엇이고, 한 번 더 죽는 사람들은 무엇인가? 한 번 더 태어나는 사람들은 예수 그리스도를 통하여 거듭나는 인생들이다. 영혼이 거듭나는 것이다. 마치 다시 태어난 것처럼 새사람이 되는 이들이다. 이전에 행하던 삶의 모양들을 벗어던지고, 하나님이 기뻐하시는 그 삶을 사는 것이다. 한 번 더 죽는다는 것은 무슨 말인가? 언젠가 썩어 없어질 육체의 죽음이 아니라 영혼의 영원한 죽음이다. 우리 생명의 근원 되신 하나님에게서 멀어진 이들이 맞이하게 될 죽음이다.

두 번 죽기 싫은 모든 인간은 두 번 태어나야 합니다. 이 '두 번 태어남'이라는 것이 거듭남입니다. 이것은 성도의 생에서 가장 중요한 문제입니다. 거듭남이 없다면 그는 두 번 죽게 될 것이기 때문입니다. 이 땅에서 해결해야 할 수많은 문제가 있지만 그 가운데 가장 중요하고 시급한 문제가 바로 이 '거듭남'의 유무입니다. 니고데모는 바로 이 거듭남의 문제를 가장 선명하게 보여 주는 인물입니다. 먼저 본문의 배경이 되는 요한복음 2장 마지막 부분을 보도록 하겠습니다.

유월절에 예수께서 예루살렘에 계시니 많은 사람이 그의 행하시는 표적을 보고 그의 이름을 믿었으나 예수는 그의 몸을 그들에게 의탁하지 아니하셨으니 이는 친히 모든 사람을 아심이요(요 2:23, 24).

이미 예수님이 많은 이적을 행하셨습니다. 그 이적을 보고 많은 유대인이 몰려와 예수님을 믿고 따랐습니다. 그들은 예수님과 친해지기 원했고, 그래서 자신들의 집으로 예수님을 초대했습니다. 당시 유대인들에게 가장 큰 환대는 자신의 집으로 초대해서 함께 식사하는 것이었기 때문입니다. 그런데 예수님은 자신을 따르는 그 많은 유대인의 집에 가시지 않았습니다. 성경은 그 이유를 "이는 친히 모든 사람을 아심"이라고 설명합니다. 예수님은 신적 능력으로 그곳에 모여 예수님과 함께하려던 자들의 중심(생각)을 읽으셨습니다. 그런데 그들 가운데 예수님이 자신의 몸을 의탁할 만한 사람, 진짜 그리스도인은 없더란 것이지요.

그들은 스스로 예수님을 믿는다고 생각했습니다. 예수님과 친하다고 생각했고, 예수님을 자신의 집으로 초대할 수 있다고 생각했습니다. 그런데 실상은 아니었습니다. 예수님이 보시기에 그들은 아직 '믿는 자', 즉 신자가 아니었습니다. 단지 그냥 예수님이 행하신 기적과 그 말에 매료되어 그분 옆에 있던 사람들이었습니다. 예수님은 그들의 신앙을 인정하지 않으셨습니다. 그것을 신앙으로 인정해 주면 더 이상 고민하지 않을 것이기 때문입니다. 예수님은 그곳에 있는 이들이 진짜 믿음, 진짜 생명을 소유한 자들이 되기를 원하셨습니다. 그래서 그들 안에 진짜 믿음이 없음을 이렇게 표현하신 것입니다.

이 말을 오늘날의 방식으로 바꾸어 표현해 보겠습니다. "당신이 교회를 다닌다고 해서 믿음 있다, 구원받았다 생각한다면 그건 착각일 수 있습니다." 사역하다 보면 '구원에 대해 확신'을 가지고 있는 분들을 만날 때가 있습니다. 신앙에 관하여 전혀 알려고 하지 않고 배우거나 열심을 내지 않으면서 자신의 구원에 관해서는 늘 확신이 있는 것입니다. 이유를 물어 보면 아주 다양하게 대답합니다. 아내가 열심히 신앙생활하기 때문에 자신도 덩달아 천국에 갈 거라는 분도 있습니다. 모태 신앙이어서 어렸을 때 유아 세례를 받았기 때문에, 또 군대 신병 교육대에 있을 때 종교 행사에 참여해서 세례 받았기 때문에 자신을 신자라고 생각하는 분도 있습니다. "대대로 몇 대째 믿음의 집안이다", "나를 위해 기도하는 이가 많다", "한때 영접 기도라는 것을 따라 한 적 있다" 등등 이유도 참 다양합니다. 과연 그는 구원받은 성도일까요? 그는 죽어서 그가 말한 대로 천국에 들어가게 될까요?

'구원받았다는 것을 강하게 붙드는 믿음'을 '구원의 확신'이라고 생각하는 경우가 있습니다. 나는 반드시 구원받는다는 것입니다. 나는 반드시 천국에 들어간다는 것이지요. 왜 그렇게 생각하는지 이유를 물어 보면 명확하게 대답하지는 못합니다. 그러나 어쨌든 본인이 구원받음에 대해서는 절대 흔들리지 않는다는 것이지요.

성경이 말하는 구원은, 또 구원의 확신은 그런 자기 확신이 아닙니다. 구원은 정확한 믿음의 대상이 되는 내용이 있어야 합니다. 예수님을 정확히 알고 바르게 믿고, 그 믿음에 근거한 고백이 있어야 합니다. 우리는 이 책의 첫 장에서 그렇게 신앙에서 가장 기본이 되는, '거듭남'에 대해 생각해 보도록 하겠습니다.

예수님에게 나아온 니고데모

'거듭남'은 교회에서만 사용하는 단어는 아닙니다. 연예계나 정치계에서도 종종 이 '거듭남'이라는 단어를 사용합니다. 어떤 사람에게 이전과 이후가 완전히 달라졌다고 느껴질 만한 변화가 일어났을 때, 또는 그런 변화가 일어났다고 믿게 하고 싶을 때, 이 '거듭남'이라는 단어를 사용합니다. "그는 행정가에서 정치가로 거듭났다." "그는 방탕한 삶을 청산하고 거듭나서 성실한 아빠가 되었다." 이렇게 쓰는 것입니다. 이렇듯 일반적으로도 종종 쓰이는 '거듭남'이라는 표현 때문에, 그간 우리는 성경이 말하는 '거듭남'의 의미를 정확하게 정리하지 못했습니다. '거듭'으로 번역된 헬라어 '아노덴'(ἄνωθεν)은 기독교 신앙에서 가장 핵심적인 것을 담고 있습니다. 니고데모와 예수님의 대화 속에서 기독교가 말하는 이 '거듭남'을 정리해 보겠습니다.

바리새인 중에 니고데모라 하는 사람이 있으니 유대인의 지도자라 그가 밤에 예수께 와서 이르되 랍비여 우리가 당신은 하나님께로부터 오신 선생인 줄 아나이다 하나님이 함께하시지 아니하시면 당신이 행하시는 이 표적을 아무도 할 수 없음이니이다 예수께서 대답하여 이르시되 진실로 진실로 네게 이르노니 사람이 거듭나지 아니하면 하나님의 나라를 볼 수 없느니라(요 3:1-3).

바리새인 유대인의 지도자 니고데모가 밤에 예수님에게 찾아왔습니다. 니고데모가 예수님에게 나아온 이유는 예수님에게 특별한 관심을 가지고 있었고, 중요한 질문을 하기 위해서였습니다. 예루살렘에는 예수님에게 관심 있는 사람이 많았습니다. 그런데 그 많은 사람과 니고데모는 달랐습니다. 많은 사람, 그들은 그저 구경꾼에 불과했습니다. 예수님에 대한 관심을 가지고 모여서 그분을 구경하고 돌아가는 사람들이었습니다. 구경꾼이 뭐하는 사람들입니까? 자신의 흥미와 관심을 따라 움직이지만, 그 상황에 별로 영향받지 않는 사람들입니다. 이들은 예수님이라는 특이한 사람이 나타나서 다른 이들이 하지 않는 말을 하자 관심을 가지고 다가왔습니다. 이런저런 말을 듣고 예수님이 행하시는 일들을 보면서 감탄하기도 했습니다. 그러나 시간이 지나면 그들은 모두 자신의 일상으로 돌아가 버립니다. 구경꾼은 구경이 끝나면 돌아가는 것이 당연하기 때문입니다.

그런데 니고데모는 달랐습니다. 예수님의 말씀을 듣는 가운데 니고데모는 그 이야기가 일반적인 이야기, 모든 사람을 위한 이야기가 아니라는 것을 깨달았습니다. 이 이야기는 뭔가 자신에게 중요한 이야기이고, 이 이야기를 이해하지 못하면 자신의 인생에 큰 문제가 생긴다는 것을 느꼈습니다. 남의 이야기, 구경해도 되는 이야기가 아니라 나를 향한 중요한 이야기였던 것입니다. 그래서 혼자 밤에 예수님을 찾아간 것입니다. 정확하게 뭐가 그렇게까지 마음에 걸렸는지는 모르겠습니다. 그런데 자기 안에 있는 무언가가 지금 이 이야기는 정말 중요하고, 해결하지 않으면 안 된다는 느낌을 주었습니다. 그래서 니고데모는 밤중에 예수님에게 따로 찾아가 질문한 것입니다.

여러분, 저는 이 이야기를 읽게 될 여러분이 구경꾼이 아니기를 원합니다. 단지 호기심을 채우기 위해 이 책을 읽지 않았으면 좋겠습니다. 이 이야기들을 흘려듣지 않기를 원합니다. 정말 진지하게 이 이야기들을 내 이야기라고 생각하며 읽기 원합니다. 바로 이 이야기가 삶 전체를 뒤집을 수 있기 때문입니다. 이전과 이후가 확연하게 달라져 버리는 그런 이야기일 수 있다는 것입니다. 진지하게 성경 이야기들을 읽으며 나 자신을 향한 이야기로, 내가 들어야 할 이야기로, 내가 정리해야 할 이야기로 대해야 합니다.

니고데모는 구경꾼이 아니었습니다. 이것이 믿음의 시작입니다. 예배 시간에 앉아 있다고 변하지 않습니다. 설교를 잘 듣는다고 변하는 것도 아닙니다. 남의 이야기를 호기심 때문에 듣고 있다면 별로 얻어 갈 것이 없습니다. 구경꾼은 딱 그만큼만 얻어 돌아갈 것입니다. 그에게 아무런 변화도 일어나지 않을 것입니다. 진지하게 이 이야기 속에 들어와 니고데모 자리에 서는 자, 예수님을 만난 사람들의 자리에 서는 자는 이 세상이 줄 수 없는 무언가를 누리게 될 것입니다.

네가 거듭나야 하리라

예수님은 자기 앞에 나와 진지하게 도움을 청한 니고데모를 문제의 핵심으로 데리고 가십니다.

> 예수께서 대답하여 이르시되 진실로 진실로 네게 이르노니 사람
> 이 거듭나지 아니하면 하나님의 나라를 볼 수 없느니라(요 3:3).

예수님은 니고데모의 상태가 어떠한지 진단하십니다. "진실로 진실로"는 확실함에 대한 표현입니다. "정말 너에게 하고 싶은 중요한 말이 있는데, 너는 하나님 나라에 들어갈 수 없어! 너는 이방인과 똑같아! 사실 너는 교회 안 나오는 사람과 같은 상태야!" 이것은 니고데모가 예수님을 찾아와 듣고 싶었던 말도, 하고 싶었던 대화도 아니었습니다. 그는 유대인의 지도자이며, 바리새인이며, 율법학자입니다. 그는 예수님과 뭔가 신령하고 고상한 종교적인 주제들로 대화할 줄 알았을 것입니다. 밤이 되기를 기다렸다 토론할 중요한 주제들을 가지고 왔을 수도 있습니다. 그런데 예수님은 대화를 시작하시면서 그 모든 심오한 이야기를 하시기 전에 먼저 니고데모의

영혼 상태를 진단하십니다. 그런데 이 진단 결과가 충격적입니다. "니고데모, 네가 다시 태어나지 못한다면 너에게는 아무런 소망도 없다. 지금 이대로라면 너는 천국에 들어가지 못한다. 완전히 다시 태어나는 일이 일어나지 않는다면 네게 남겨진 것은 영원한 심판뿐이다."

여러분, 이것은 일반적으로 생각해도 너무 무례한 행동입니다. 그 사람이 누구라 해도 일단 뭔가를 말하려면 인사도 하고 안부도 묻고 신상에 관한 이야기도 들어주며 대화해야 합니다. 그런데 지금 예수님은 니고데모가 찾아와 인사하는데, 그 인사를 받지 않으시고 "너는 다시 태어나지 않으면 지옥 간다!"는 말을 하고 계시는 것입니다. 니고데모가 누구입니까? 율법에 가장 철저한 바리새인입니다. 그는 유대 사회의 선생입니다. 유대 종교의 선생입니다. 똑똑한 학자입니다. 여호와 종교에 대해서 모르는 것이 없을 정도로 해박하고, 학식이 깊고, 연륜 있는 학자입니다. 뿐만 아니라 유대 사회 전체의 입법, 행정, 사법을 책임지는 최고 의결 기관 산헤드린 공회의 일원이기까지 합니다. 모든 유대인이 존경하는 지도자이며, 종교와 정치 영역에서 유대인들을 지도하는 리더입니다. 니고데모, 그는 그저 그런 사람이 아닙니다. 그는 최고의 유대인입니다. 많은 이가 그를 인정하고 존경하며 그가 하는 말을 유심히 들었습니다. 누군가가 사람들에게 "우리 가운데 누가 천국에 갈 것 같습니까?"라고 물으면, "니고데모 선생님입니다"라는 대답이 나올 법한 사람이었다는 것입니다.

그런데 그런 니고데모에게 주님이 하시는 말씀은 "지금 네 모습으로는 절대 하나님 나라에 들어갈 수 없다"는 것입니다. 이는 예수님이 니고데모 인생 전체를 향해 내리신 평가입니다. 예수님이 분명하게 하고 싶으신 말씀입니다. 이 세상에 목숨을 가지고 태어난 모든 인간은 하나님 나라에 들어가려면 반드시 다시 태어나야 한다는 것입니다. 우리가 생각하는 최악의 사람들, 그런 사람들만 거듭나야 하는 것이 아니라 도덕적으로 흠 없고 모든 면에서 존경받는 사람도 다시 태어나지 않으면 하나님 나라에 들어갈 수 없다는 것입니다.

그래서 예수님은 니고데모와 인사할 시간도 갖지 않으시고, 곧바로 문제의 핵심을 지적하셨습니다. "너는 거듭나야 한다!" 예수님의 이 말씀은 니고데모 인생을 부정하는 말씀입니다. 니고데모가 살았던 모든 삶이 부정된 것입니다. 그의 모든 학식, 열심, 수고, 업적…… 모두 거부되고 있습니다. 예수님의 말씀은 "니고데모야, 네가 지금까지 어떤 삶을 살았고, 얼마나 많이 알고 있는지 모르지만, 너에게는 거듭났는지 아닌지가 중요하다는 것을 알고 있느냐?"입니다.

우리 삶에는 문제가 많습니다. 우리에게는 간절한 소원과 바람이 있습니다. 눈물 나게 힘든 스토리를 가지고 계신 분도 있습니다. 그런데 예수님은 그 많은 문제보다 먼저 해결해야 할 게 있다고 말씀하십니다. 일단 이 문제가 해결되어야 다른 문제들을 살펴볼 수 있다고 하시는 겁니다. 일단 너희가 살아 있지 않으면, 온갖 명약과 치료법이 필요 없다는 것입니다. 주님의 생명이 내 안에 있는지, 그리고 영원한 생명을 소유한 자인지, 그것이 가장 중요한 문제라는 것입니다.

니고데모의 겸손

놀라운 것은 니고데모의 반응입니다. 그는 예수님의 지적을 겸허하게 수용하고 있습니다. 이것은 대단히 기분이 나쁠 수 있는 진단입니다. 어떤 사람이 내가 가지고 있는 몇 가지 단점만 이야기해도 서로 원수가 될 수 있습니다. 그런데 지금 예수님이 니고데모에게 하시는 말씀은 그 정도 수준이 아닙니다. 니고데모의 삶을 완전히 부정해 버리시는 것입니다. 잘못을 지적하는 정도가 아니라 완전히 폐기 처분해야 한다고 말씀하시는 것입니다. 니고데모는 다 큰 성인입니다. 율법학자입니다. 세상에서 성공한 정치가이며 학자입니다. 많은 이가 존경하는 유지입니다. 이런 사람에게 "너는 아무것도 아니야"라는 말을 하면, 백이면 백 그 말에 분노하게 되어 있습니다. 예수님과 대화해 보려고 밤에 찾아가기는 했지만 대화의 시작을 이렇게 하는 예수님을 만났을 때 그는 분노하며 돌아설 수 있었습니다. 그리고 어쩌면 그것이 당연한 상황입니다. 그런데 니고데모의 입에서 완전히 예상을 뒤엎는 말이 튀어 나왔습니다.

니고데모가 이르되 사람이 늙으면 어떻게 날 수 있사옵나이까
두 번째 모태에 들어갔다가 날 수 있사옵나이까(요 3:4).

니고데모가 지금 뭐라고 말합니까? "예수님! 당신이 내게 다시
태어나라 하시는 겁니까? 그렇다면 이제 저는 다시 태어나겠습니
다. 맞습니다. 이제껏 제 모든 것은 엉망이었습니다. 삶도 신앙도
다 엉망이었습니다. 다시 태어나겠습니다. 그런데 예수님, 어떻게
해야 다시 태어날 수 있습니까?" 만약 니고데모가 "에이 더럽다!"고
말하고 그냥 돌아가면 어떻게 될까요? 그걸로 그냥 끝입니다. 뭔가
확연한 변화를 기대할 수 없을 것입니다. 하지만 니고데모는 그렇
게 하지 않았습니다. 완전히 엎드렸습니다. 니고데모는 그냥 돌아
가지 않았습니다. 예수님의 말씀을 진지하게 듣고, 진지하게 그 말
씀을 품었습니다. 자신의 수준에서 이해되지는 않지만, 그 말이 중
요한 말이라 생각했습니다. 그는 어떻게든 이 비밀, '거듭남'의 비밀
을 듣고 싶었습니다. 그는 엎드려 예수님이 하실 다음 이야기를 구
했습니다. 그때 니고데모를 위한 생명의 문이 열렸습니다.

여러분, 이 순간이 중요합니다. 잘 이해되지 않는 말이 들릴 때
가 중요합니다. 혹시 그 안에 뭔가 있지 않을까 생각해야 합니다.
십자가를 바라볼 때 어떤 느낌이 듭니까? 그냥 생각해 보면, 이건
정말 말도 안 되는 이야기입니다. 십자가는 2,000년 전 팔레스타인
에서 예수라는 젊은이가 달려 죽은 형틀입니다. 그런데 기독교인들
은 그 십자가를 보면서 하나님이 인간을 구원하기 위해 만든 구원

의 방식이라 고백합니다. 그 십자가 앞에서 감격해서 울기도 하고, 그 십자가를 짊어지는 삶을 살겠다는 고백도 합니다. 그냥 보면 이해가 안 됩니다. 예수님 당시에도 그랬습니다. 철학이 발달한 그리스 사람들이 보기에는 무식해 보였고, 율법을 아는 유대인들이 보기에는 사람의 구원과 관련해서 무능해 보였습니다. 그래서 그 당시에도 십자가는 인기가 없었습니다. 그러나 여러분, 거기서 그들과 함께 돌아가 버리면 안 됩니다. 너무 빨리 판단하면 안 됩니다. 멈춰 서서 진지하게 '왜 십자가인가?'라고 물어야 합니다. 도대체 그 안에 뭐가 있는지 숙고해야 합니다. 니고데모는 자기가 모르는 그 예수님의 말씀에 일단 엎드렸습니다. 니고데모가 예수님의 말씀 앞에 엎드렸을 때, 드디어 생명의 길이 열리기 시작했습니다.

거듭나는 것이 무엇인가

예수님의 입에서 진리가 쏟아지기 시작했습니다. 바로 5-8절이 핵심입니다. 예수님은 드디어 다시 태어난다는 것이 과연 무엇을 의미하는지 말씀하십니다. 다시 태어나는 것이 뭡니까? 도덕적으로 아주 형편없이 살던 사람이 어느 날 이전의 삶을 완전히 청산하고 건실한 삶을 살게 되면 사람들은 그를 '거듭났다' 말합니다. 그럼, 예수님이 말씀하시는 '거듭났다'는 말도 그런 뜻일까요?

예수께서 대답하시되 진실로 진실로 네게 이르노니 사람이 물과 성령으로 나지 아니하면 하나님의 나라에 들어갈 수 없느니라 (요 3:5).

'물과 성령으로 난다'는 말이 무엇을 의미할까요? '물과 성령으로 거듭난다'는 것은 구약 성경(전체)에서 예언한 약속의 말씀, 그 약속이 성취되는 것을 말하는 것입니다. 그 약속이 성취되는 것이 물과 성령으로 거듭나는 것입니다. 예수님이 물과 성령이라고 말씀하셔서 이 중요한 예언을 생각나게 하는 것입니다.

맑은 물을 너희에게 뿌려서 너희로 정결하게 하되 곧 너희 모든 더러운 것에서와 모든 우상 숭배에서 너희를 정결하게 할 것이며 또 새 영을 너희 속에 두고 새 마음을 너희에게 주되 너희 육신에서 굳은 마음을 제거하고 부드러운 마음을 줄 것이며 또 내 영을 너희 속에 두어 너희로 내 율례를 행하게 하리니 너희가 내 규례를 지켜 행할지라(겔 36:25-27).

장차 새로운 시대가 열릴 것이며, 그 시대가 오면 이런 일이 일어날 것이라는 말입니다. 죄 때문에 하나님 앞에 절대로 설 수 없는 인간들이 맑은 물로 씻겨 완전히 깨끗하게 된다는 것입니다. 단지 겉에서 만질 수 있는 육체에 대한 것을 넘어 그 중심, 인격을 이루는 인간의 가장 중심이 되는 영혼까지 하나님이 깨끗하게 만드는 일을 행하신다는 것입니다. 완전히 새로워진 영으로 창조되는 역사가 일어날 것이라는 말입니다.

구약 시대에는 사람이 지은 죄를 용서받기 위해서 그때마다 죄 없는 짐승을 가지고 나와서 대신 죽여 제사를 드려야 했습니다. 또 거기서 그 불에 탄 짐승의 잿물을 뿌려서 자신의 죄를 씻는 의식을 통해 죄를 용서받았습니다. 그런데 구약의 제사법에 따라 아무리 자신을 정결하게 한다고 해도 지은 죄에 대해서는 용서받지만 그 죄를 짓는 죄 된 본성이 변하지는 않았습니다. 이것이 구약의 제사 제도의 한계였습니다. 완전하게 치료할 수 있는 방법이 아니었던 겁니다. 가장 중요한 것은 중심입니다. 그것이 죄로 인해 오염되었기 때문에 온갖 죄악이 그 사람에게서 흘러나왔던 것입니다. 그런데 이 인간의 마음, 이 중심을 해결할 방법이 없었습니다. 에스겔의 예언은 이 중심을 해결할 수 있는 시대가 온다는 것이었습니다.

하나님이 약속하신 것이 무엇입니까? "새로운 시대가 올 것이다. 그때에 인간의 영 자체를 고치는 역사를 행하겠다. 새 영을 주어 너희를 새롭게 만들겠다"입니다. 인간의 근원이 되는 마음에 하나님이 깨끗하게 하는 물을 뿌리셔서 정결하게 만들고, 그 안에 새 영을 보내시겠다는 것입니다. 그래서 그 새 영을 받은 이들은 이전과 완전히 다른 생명으로 이 땅을 살도록 하겠다는 것입니다. 이것은 놀라운 기적입니다. 인간이 경험할 수 있는 최고의 기적은 출애굽 당시에 등장했던 열 가지 재앙이나 홍해가 갈라진 일이 아니라 바로 이 일, 인간의 중심을 새롭게 만드는 일인 것입니다.

그러면 마지막으로 가장 중요한 질문입니다. 이 기적이 어떻게 일어날 수 있습니까? 어떻게 우리 마음이 새롭게 되고, 내 영이 새 영이 될 수 있을까요?

어떻게 거듭날 수 있는가

육으로 난 것은 육이요 영으로 난 것은 영이니 내가 네게 거듭나야 하겠다 하는 말을 놀랍게 여기지 말라 바람이 임의로 불매 네가 그 소리는 들어도 어디서 와서 어디로 가는지 알지 못하나니 성령으로 난 사람도 다 그러하니라(요 3:6-8).

주의 말씀은 새 창조가 이루어지기 위해서 성령의 바람이 불어야한다는 것입니다. 성령의 바람이 불면 새 창조가 일어나며, 성령으로 태어난 사람은 다 이런 방식으로 된다는 것이지요. 그래서 에스겔 36장의 약속에 이어 37장에 '마른 뼈의 골짜기에서 일어난 생명의 역사' 환상이 나오는 것입니다. 에스겔 37장은 36장의 약속이 어떻게 성취될지를 보여 줍니다. 에스겔은 엄청나게 많은 마른 뼈의 골짜기에 던져집니다. 그런데 하나님은 선지자를 향해 그 뼈들에게 하나님의 말씀을 대언하라 명령하십니다. 선지자가 입을 열자, 뼈들이 서로 짝을 찾아 움직여 맞춰지고, 살이 붙고, 힘줄과 가죽이 생기는 역사가 일어납니다. 그리고 마지막에 '하나님의 생기'가 바람처럼 이 뼈들의 골짜기에 불기 시작합니다. 그리고 그곳에 있는 시체들이 살아나 하나님의 군대가 됩니다.

예수님이 하시는 말씀은 바로 이것입니다. 모든 인간은 마치 마른 뼈와 같습니다. 성령이 오셔서 마음이 새로워지고 영이 살아나기 전에는 우리 모두 마른 뼈입니다. 예수님은 사람이 거듭나는 방식이 이 환상과 같은 방식이라고 말씀하셨습니다. 생기가 바람처럼 불어서 마른 뼈가 살아나 하나님의 군대가 된다는 것이지요. 성령님이 하시는 신비로운 역사, 성령님이 만드시는 다시 태어나는 역사에 대한 환상인 것입니다.

여러분, 예수님이 오시기 전에는 이 바람이 이렇게 불었던 적이 없습니다. 어느 누구도 성령의 바람을 만들어 낼 수 없었습니다. 성령의 바람을 불게 할 수 있는 분은 오직 한 분, 십자가에서 인간의 죄를 대신 감당하신 예수님밖에 없습니다. 예수님이 이 바람을 불게 하십니다. 예수님이 십자가에서 하나님의 저주를 받기 위해 이 땅에 오셨을 때, 이 바람은 불기 시작했습니다. 십자가가 이 성령의 바람을 일으켰습니다. 그리고 이 바람은 그 어떤 마른 뼈도 살릴 능력이 있습니다. 바람이 부는 곳에서 이 바람을 만나기만 하면 살아나는 것입니다.

지금 예수님이 니고데모에게 하시는 말씀이 이것입니다. "니고데모야, 지금 이 바람이 불고 있다. 성령의 바람이 불고 있다. 어떤 인간도 만들어 낼 수 없는 바람이 불고 있다. 수많은 선지자가 그토록 간절히 기다렸던 그 바람이 왔다. 그러니 그 바람 앞에 서라. 그 바람을 마셔라. 그 성령 앞에 이전의 너를 내려놓고 다시 살려 달라고 구하라. 네가 이 바람 앞에 서면, 너는 그 바람으로 인해 거듭나게 될 것이다."

성도 여러분, 지금도 복음이 선포되는 자리에 성령의 바람이 불고 있습니다. 우리는 마른 뼈와 같습니다. 모든 인간은 하나님 보시기에 마른 뼈와 같습니다. 아무것도 할 수 없기 때문에 그렇지요. 주님은 오늘도 우리를 깨우십니다. "일어나라! 지금 성령의 바람이 불고 있다! 일어나서 이 바람을 마셔라. 그러면 산다."

교회를 오래 다닌다고 새 영이 되는 것은 아닙니다. 복음의 말씀을 듣고 진지하게 반응해야 합니다. 지금은 성령의 바람이 부는 시대입니다. 예수님이 이 땅에 오셨을 때, 생명을 만드는 성령의 바람이 일어났습니다. 그리고 지금도 그 마른 뼈를 살리는 성령의 바람이 불고 있습니다. 그 앞에 반응하십시오. "주님, 저는 마른 뼈와 같습니다. 저도 그 바람으로 살려 주세요." 주께서 우리를 살리실 것입니다. 그리고 그 주님이 우리를 '이전에 살아 본 적 없는 삶'으로 이끌어 가실 것입니다.

왕의 신하

신하가 이르되 주여 내 아이가 죽기 전에 내려오소서

믿음의 '결국'을 보게 되다

요 4:46-54

바른 믿음은 무엇인가

제가 성도들을 상담하고 심방하면서 가장 많이 들었던 두 가지 생각이 있습니다. 하나는 하나님이 우리 성도들을 사랑하신다는 것이고, 다른 하나는 우리 성도들에게 '믿음이 있으면 좋겠다'는 것입니다. 삶의 여러 문제 때문에 불안해하고 근심하는 분이 참 많기 때문입니다. 분명 하나님이 우리를 위해 자기 아들을 내어 주기까지 사랑하셨다는 말씀은 알고 있습니다. 그런데 그런 하나님이 우리도지켜 주실 거라는 믿음을 가진 분은 많지 않습니다. 하나님의 사랑에 대해 머리로는 알고 있습니다. 그리고 때로 그 사랑을 경험하기도 했습니다. 그런데 당장 지금은 그 믿음이 거의 없는 것입니다.

그렇다면 우리는 어떻게 믿음을 가질 수 있을까요? 또 바른 믿음이라는 건 어떤 것일까요?

이 장은 왕의 신하의 아들이 걸린 죽을병을 치료하신 예수님에 대한 이야기입니다. 그런데 공교롭게도 이 표적이 "바른 믿음이 무엇인가"에 대해 보여 주고 있습니다. 이 이야기를 통해 주님이 우리에게 원하시는 바른 믿음이 무엇인지 함께 배워 가고 그 믿음을 구하는 시간 되기를 바랍니다.

엉뚱하게 답하시는 주님

예수님이 갈릴리 가나에 이르셨습니다. 이곳은 예수님이 첫 번째 표적을 행하셨던 곳입니다. 이번에도 사람들이 예수님에게 몰려들었습니다. 몰려든 사람을 통해 예수님에 대한 소문이 퍼져 나갔습니다. 예수님에 대한 소문의 내용이 정확하게 무엇이었는지 알 수 없지만 본문에 나오는 왕의 신하 경우만 보면, 예수님의 병 치유 능력에 관한 것이 주된 것 같습니다. 100리 밖 가버나움에 살던 왕의 신하에게까지 이 소문이 들어갔고, 소문을 들은 왕의 신하는 급하게 예수님이 있는 가나로 올라옵니다. 아들이 병으로 죽어 가고 있었기 때문입니다. 46절은 "병들었더니"인데 47절은 "그가 거의 죽게 되었음"이라고 합니다. 마침내 49절에서 "내 아이가 죽기 전에"라고 말하는 것을 보면 아들의 병이 점점 심각해지는 상황으로 보입니다. 처음에는 그냥 '병'으로, 두 번째는 '죽을 가능성이 큰 병'으로, 마지막에는 '그대로 두면 반드시 죽는 병'으로 묘사됩니다.

아무튼 아들은 죽어 가고, 왕의 신하는 모든 병을 치료하시는 예수님 앞에 그 문제를 가지고 나왔습니다. 그는 정말로 진지했고, 예수님의 치료 능력을 믿었습니다. 그리고 그에 합당한 대가도 치렀습니다. 가버나움에서 가나까지 이르는 직선 거리는 34킬로미터이고 오르막길이었습니다. 교통이 발달된 오늘날이라면, 34킬로미터는 차로 30분 정도 달리면 갈 수 있는 거리입니다. 그러나 성경의 시대는 2,000년 전입니다. 이 시대에 100리 길을 단숨에 뛰어 올라왔던 것입니다. 이 아버지는 살인적인 팔레스타인의 태양 아래 가파른 오르막길을 한 숨도 쉬지 않고 달려온 것입니다. 또 그의 태도는 매우 훌륭했습니다. 그는 예수님을 향해 경어를 쓰며 그분 앞에 엎드려 애원하며 간청하고 있습니다.

'왕의 신하'는 힘과 권력을 가진 사람입니다. 헤롯 대왕 아래서 고위 직책을 맡았던 이방인 출신의 권력가인데, 그런 그가 당시 가장 비천한 사람들이 사는 갈릴리 마을까지 찾아와서 일개 목수의 아들 앞에 공개적으로 엎드려 도움을 요청하고 있습니다.

예수님은 이 왕의 신하의 간곡한 청을 들었고 놀라울 만큼 겸손한 태도를 보았습니다. 그렇다면 우리가 아는 따뜻하고 능력 있는 예수님은 이 왕의 신하의 간청에 기꺼이 내려가서서 아들의 병을 치료해 주셔야 합니다. 그런데 본문을 보면, 예수님은 왕의 신하의 의도대로, 또 우리가 예상한 대로 움직이시지 않습니다. 예수님은 매우 퉁명하게 들릴 수 있는 두 문장만 이 간절한 아버지에게 들려주십니다.

> 너희는 표적과 기사를 보지 못하면 도무지 믿지 아니하리라(요 4:48).
>
> 가라 네 아들이 살아 있다(요 4:50).

우리는 이 이야기의 끝을 알기 때문에 별로 걱정하지 않습니다. 결과적으로 왕의 신하의 아들은 치료됩니다. 신하는 이 일로 예수님을 온전히 믿게 됩니다. 그런데 여러분, 이 모든 일의 결과를 모르는 왕의 신하, 이 죽어 가는 아들의 아버지 처지에서는 예수님의 태도와 말이 어떻게 들렸을까요? 아버지는 뒤에 무슨 일이 있을지 전혀 모릅니다. 그런데 예수님은 아무것도 보여 주시지 않고 그냥 "너는 내 말만 믿고 가라!" 하신 것입니다.

예수님은 너무 불친절하신 것 같습니다. 아버지 된 자의 불안한 마음을 몰라 줘도 너무 몰라 주십니다. 그분에게 자식이 없으셔서 병든 아들을 살리기 위해 먼 길을 달려온 아버지를 이렇게 무심하게 돌려보내시는 것일까요? 그건 아닐 것입니다. 그렇다면 예수님은 왜 이렇게 말씀하셨을까요? 그 답을 본문 말씀과 함께 '세 가지 믿음'으로 설명해 보겠습니다.

첫 번째 믿음_ 보고 믿는 믿음

본문의 강조점은 '믿음'이라는 단어에 있습니다. 이 단어는 예수님의 말씀과 그 말씀에 대한 왕의 신하의 반응, 그리고 사건의 마지막에 등장하고 있습니다. 세 번이나 가장 중요한 부분에 나오기 때문에 본문의 핵심은 '믿음'이라고 할 수 있습니다. 그런데 본문을 자세히 연구하다 보면, 이 믿음이 각기 다르다는 것을 알 수 있습니다. 그리고 각기 다른 이 믿음 때문에 이 사건이 표적 사건이 됩니다.

첫 번째 믿음을 먼저 살펴볼까요? 첫 번째 믿음은 왕의 신하가 예수님을 찾아올 때부터 가지고 있었던 '믿음'입니다. '예수님이라면 죽어 가는 내 아들의 병을 고칠 수 있다는 믿음'입니다. 그 믿음 때문에 그는 죽어 가는 아들을 두고 34킬로미터를 달려 올라올 수 있었습니다. 그 믿음이 있었기에 갈릴리 목수의 아들에게 엎드릴 수 있었던 것입니다. 그리고 이 믿음은 결코 틀린 믿음이 아닙니다. 예수님은 분명 어떤 종류의 병도 치료할 수 있는 분입니다. 그런데 예수님은 왕의 신하와 같은 종류의 믿음을 가지고 모인 주변 사람들을 향해서 엄하게 경고하고 계십니다.

> 너희는 표적과 기사를 보지 못하면 도무지 믿지 아니하리라(요 4:48).

왕의 신하가 오기 전에 주변에 있던 사람들이 이미 그런 말과 그런 요구를 많이 했기 때문입니다. 예수님이 가나를 떠나서서 많은 이적을 행했다는 소문이 들렸는데, 그 소문이 진짜인지 '눈앞에서 증명하라'고 하는 사람들의 요구 앞에서 예수님이 말씀하셨습니다. "너희는 눈으로 봐야만 믿느냐?" 왕의 신하는 분명히 예수님에게 찾아올 믿음이 있었습니다. 그러나 그는 보고 싶었고, 그의 믿음은 '봐야만 하는 믿음'이었습니다. 그리고 예수님은 그 믿음이 잘못된 믿음이라고 지적하시는 것입니다.

여러분, "보고 믿는 믿음"이 뭘까요? 말 그대로입니다. 실제 그 일이 지금 내 앞에서 벌어지고 있기 때문에 믿는 것입니다. 그러나 사실 이것은 '믿음'이 아닙니다. 왜냐하면 전혀 불안하지 않기 때문입니다. 좀 더 쉽게 이해하기 위해 여리고 성을 돌던 이스라엘 백성의 예를 들어 보겠습니다. 분명 하나님이 7일 동안 성벽을 돌라고 말씀하셨고, 마지막 날에는 일곱 바퀴를 돌라고 말씀하셨습니다. 그리고 그렇게 열세 바퀴를 돈 다음에 나팔을 불고 소리치라고 하셨습니다. 그런데 여러분, 만약 한 바퀴를 돌 때마다 한 번씩 지진이 나거나 우박이 떨어지거나 성벽 한쪽이 정확하게 13분의 1씩 무너져 내린다면 어떨까요? 두 바퀴째 돌았을 때, 또 13분의 1이 무너져 내린다면 어떨까요? 이스라엘 백성에게 더 이상 믿음이라는 것은 필요 없을 것입니다. 왜 그렇습니까? 순종의 결과를 즉각 눈으로 확인할 수 있기 때문입니다. 믿음이 전혀 필요 없는 상태가 된다는 것입니다.

왕의 신하의 태도는 참으로 훌륭합니다. 그는 먼 길을 뛰어왔고, 갈릴리 목수의 아들에게 엎드렸습니다. 그는 참 간절하게 애원했습니다. 그러나 그의 믿음은 '보고 믿겠다'는 것에 기초한 믿음입니다. 물론 그 마음에 예수님이 병을 치료하실 수 있을 거라는 믿음의 단초가 있기는 합니다. 그러나 그것이 예수님이 원하시는 성도의 참된 믿음은 아니었던 것입니다.

두 번째 믿음_ 보지 않고, 듣고 믿는 믿음

예수님 주변에는 온통 그런 사람뿐이었습니다. "예수님, 보여 주세요. 그러면 제가 믿겠습니다." 예수님은 그들 전부를 책망하십니다. "이 보지 못하면 믿지 아니하는 놈들아!" 그런데 이 다급한 아버지, 아들이 숨이 넘어가고 있는 이 왕의 신하는 예수님의 그런 설교가 들어오지 않았습니다. 그래서 예수님의 그 선언이 떨어지자마자 다시 간청합니다. "주여 내 아이가 죽기 전에 내려오소서!"

부모인 분들은 이 마음이 무엇인지 이해하시리라 생각합니다. "지금 아들이 죽게 되었는데 무슨 설교를 하고 계십니까?"입니다. "일단 난 그 설교는 잘 모르겠고, 내 아들 살리러 제발 함께 내려가 주십시오"입니다. 예수님이 만나셨던 무리 중에서 가장 어려워하신 이들이 바로 이런 사람입니다. 어떻게 이해했든 간에 일단 예수님을 붙잡으면 놓지 않는 사람 말입니다. 아는 것은 좀 부족할지 모르지만 한 번 붙들면 놓지 않는 사람들입니다. "나를 축복하시기 전에는 절대 당신을 놓을 수 없다"(창 32:26 참조)고 말했던 야곱 계열의 사람들 말입니다. 그래서 예수님은 그 왕의 신하를 향해 직접 말씀하신 것입니다.

가라 네 아들이 살아 있다(요 4:50).

만약 여러분이 100리 길을 쉬지 않고 달려와서 죽어 가는 아들을 살려 달라고 했을 때, 예수님에게 이런 짧은 대답만 듣는다면 어떤 느낌일까요? 분명 오늘 새벽에 숨이 꼴깍꼴깍 넘어가던 아들을 봤단 말입니다. 몸이 불덩이 같고, 눈이 뒤집혀 흰자위만 보이며, 입술이 까맣게 타 들어가는 아들의 얼굴을 봤단 말입니다. 데려 온 의사가 고개를 저으며 '준비하라'고 한 말을 두 귀로 분명하게 들었단 말입니다. 그런데 그런 상황에서 예수님의 이 성의 없는 짧은 말씀을 단번에 믿을 수 있겠느냐 말입니다. 여러분이 만약 그 자리에 있던 왕의 신하라면 예수님의 이 말씀을 믿을 수 있었을까요?

그런데 왕의 신하는 이렇게 반응합니다. "그 사람이 예수께서 하신 말씀을 믿고 가더니"(요 4:50). 그는 어떻게 이 말씀을 믿을 수 있었을까요? 저는 정말 이해가 안 됩니다. 저라면 그렇게 못했을 것입니다. 그러나 중요한 것은 이것입니다. 왕의 신하는 예수님의 그 말씀을 듣고, 그 말씀을 믿고, 그 말씀대로 행했다는 것입니다. 여러분, 정말 중요한 것이 무엇일까요? 아버지의 본심일까요? 아닙니다. 그럼, 아버지의 고통일까요? 중요하지만 그것도 아닙니다. 성경은 그런 부분들을 이야기하지 않습니다. 성경은 아버지가 그 말씀에 순종했다는 것만 기록하고 있습니다. 그의 믿음이 몇 퍼센트짜리 믿음인지, 그 확신이 어느 정도였는지가 아니라 그가 실제 그 말씀대로 순종했는지가 중요하기 때문입니다.

이것이 성경이 말하는 '믿음'입니다. 성경이 말하는 믿음은 아무런 고민 없는 강아지가 주인에게 가지고 있는 확신이 아닙니다. 참된 믿음은 항상 고민과 번민과 위험과 두려움과 근심과 의심을 포함합니다. 의심할 수 없을 만큼 확실한 증거를 제시하면서 믿으라고 하는 것은 사실 믿음이 아닙니다. 그것은 눈에 보이는 증거를 보고 인정하는 것이기 때문입니다. 예수님이 인정하시는 믿음, 하나님이 기뻐하시는 믿음에는 항상 '보이지 않음'이라는 전제 조건이 있습니다.

> 이 눈에 아무 증거 아니 뵈어도 믿음만을 가지고서 늘 걸으며
> 이 귀에 아무 소리 아니 들려도 하나님의 약속 위에 서리라.
> 걸어가세 믿음 위에 서서 나가세 나가세 믿음 가지고
> 걸어가세 믿음 위에 서서 눈과 귀에 아무 증거 없어도
> (새찬송가 545장 1절)

믿음은 보이지 않고 들리지 않기에 어려운 것입니다. 자, 그럼 이 왕의 신하는 어떻게 예수님의 말씀을 믿고, 믿음으로 발걸음을 옮길 수 있었던 것일까요? 힌트는 그의 신분, 그를 부르는 호칭에서 찾을 수 있습니다. 그는 '왕의 신하'입니다.

'왕의 신하'라는 것과 믿음이 어떤 연관이 있는지 의아하실 수도 있습니다. 그러나 깊은 연관이 있습니다. 사도 요한은 일부러 이 죽어 가는 아들의 아버지를 '왕의 신하'라고 부르고 있습니다. 그렇다면 '왕의 신하'는 어떤 사람입니까? 당시 유대의 왕 헤롯이 하는 모든 말과 일을 '보고 듣는 사람'입니다. 그런데 여러분, 신하가 보기에 왕이 하는 말은 어떻습니까? 반드시 성취되는 것입니다. 그냥 지나가면서 했든 서서 했든, 길든 짧든 왕이 말하면 그 말은 역사하더라는 것입니다. 왕의 신하가 왕과 함께 있으면서 알게 된 것이 있습니다. '왕의 말은 반드시 역사한다'는 사실입니다. 왕이 증거를 제시하든 제시하지 않든 간에 왕이 말하면 그 말은 반드시 성취된다는 것을 알았던 것입니다. 그래서 왕의 신하는 예수님의 말씀을 듣고 그 말씀대로 집으로 돌아간 것입니다.

물론 그가 고민하지 않았을 리 없고 의심하지 않았을 리 없습니다. 죽어 가는 아들에게 예수님을 모셔 가고 싶은 마음은 여전합니다. 그러나 이 '왕의 신하'는 지금 자기 앞에 서 계신 이가 단순히 영험한 의원이나 선지자가 아니라 자신이 섬기는 헤롯보다 크신 왕임을 보았던 것입니다. 그리고 '왕의 입에서 선포된 말씀은 반드시 그대로 성취된다'는 것을 알았기에 순종으로 반응한 것입니다. 아버지로서 마음이 몹시 힘겹고 두려웠을 것입니다. 여러 복잡한 생각이 들었을 겁니다. 그러나 왕의 신하인 그는 예수님이라는, 이 세상에 오신 위대한 왕에게 엎드려 간청합니다. 그리고 왕의 명령이 그대로 성취되기를 소망하며, 한없이 무거운 발걸음이기는 하지만 그분 말씀에 순종하여 집을 향해 걷기 시작한 것입니다.

여러분은 하나님이 온 우주를 섭리로 통치하신다는 것을 믿으십니까? "풀은 마르고 꽃은 시드나 우리 하나님의 말씀은 영원히 서리라 하라"(사 40:8) 하신 말씀을 믿으십니까? 그렇다면 믿음은 주님이 우리에게 말씀하시면 그대로 믿고, 그 믿음에 내 발걸음을 옮겨야 하는 것입니다. 이스라엘 백성이 여리고 성을 한 번 돌았을 때, 아무 일도 일어나지 않았습니다. 두 번째, 세 번째, 네 번째, 다섯 번째, 여섯 번째, 그렇게 6일을 말없이 돌았습니다. 여전히 여리고 성에 아무런 변화가 없었습니다. 성벽에 금 하나만 가도 좋겠는데, 어디서 천둥 번개라도 치면 좋겠는데 작은 균열 하나 보이지 않았습니다. 마지막 일곱째 날, 또 돌기 시작했습니다. 마지막 날은 일곱 번을 돌아야 했습니다. 입에서 단내가 납니다. 이미 열두 번을 돌았습니다. 참을성이 바닥납니다. 온몸이 피로감으로 녹아내리는 것 같습니다. 그래도 성벽에 아무런 변화가 없었습니다. 여진의 느낌도, 하늘이 어두워지는 전조도 없었습니다. 그런데도 이스라엘 백성은 어떻게 합니까? 입을 다물고 마지막 한 바퀴를 끝까지 돌았습니다. 그것이 하나님이 성도에게 원하시는 '믿음'입니다.

세 번째 믿음_ 믿음의 결과를 보게 되어 생긴 믿음

예수님의 말씀을 믿고 내려가던 왕의 신하는 결국 중간에 밤이 되어 숙소에 가야만 했습니다. 그날 밤 병든 아들에 대한 걱정으로 전혀 잘 수 없었습니다. 새벽에 동이 트자마자 일어나 집으로 내려갔습니다. 그때 자신의 종들이 올라오고 있었습니다. 종도 주인의 얼굴을 알아보고 큰 소리로 외쳤습니다. "주인님, 아드님이 살아나셨습니다. 어제 갑자기 열이 떨어졌고, 이제 원기를 회복하셨습니다."

자, 여러분이라면 이 종에게 무얼 묻겠습니까? "어떻게 그런 일이 일어났느냐?"라고 묻지 않겠습니까? 죽어 가는 아이가 어떻게 하루 만에 완전히 나았는지 궁금한 것이 당연하기 때문입니다. 그런데 이 아버지의 질문은 전혀 다릅니다. "낫기 시작한 때가 언제였느냐?" 종은 의아해하며 대답합니다. "'일곱 시'(우리의 시간 개념으로 오후 1시 경)에 열기가 떨어졌나이다"(52절).

이 아버지는 왜 낫기 시작한 시간을 물었을까요? 예수님의 입에서 "가라, 네 아들이 나았다!"라는 말씀을 들었던 시간이 바로 일곱 시였기 때문입니다. 아버지는 이 길을 내려오던 시간이 지옥 같았습니다. 계속 드는 생각은 '예수님을 붙잡아 데려 왔어야 하는 게 아니었나' 하는 것이었습니다. '과연 돌아가면 우리 아들이 나아 있을까?'였습니다. 돌아갔다가 '아들이 죽어 있으면 어떡하지?' 몹시 두려웠습니다. 집으로 돌아오는 그 길은 칠흑 같은 어둠 속을 '오직 믿음'으로 걷는 힘겨운 시간이었던 것입니다. 체면 따위는 던져 버리고, 더 간절하게 예수님을 붙잡고 씨름했어야 하지 않을까 수없이 생각한 시간이었습니다. 주님이 주신 말씀을 듣고, 믿고 행했지만 그건 결코 쉬운 시간이 아니었습니다. 그래서 이 아버지는 종들에게 아이의 나은 시간을 물었던 것입니다. 어제 일곱 시, 즉 어제 오후 1시! 그렇습니다. 예수님과 만나 예수님의 입에서 "가라, 네 아들이 나았다!"는 선언을 들었던 그때, 100리나 떨어져 있던 곳, 병상에 누워 있던 아들이 치료된 시간입니다.

여러분, 여기에 '세 번째 믿음'이 등장합니다. 보지 않고 믿었던 그 믿음의 결국을 눈으로 보게 되는 것입니다. 이것이 바로 믿음의 결국입니다. 우리가 주님의 말씀을 믿고 행한 것의 결국, 주님이 우리의 믿음에서 나온 순종의 '결국'을 보게 만드시는 것입니다. 그때 우리는 어떻게 합니까? 주님을 참으로 온전히 믿게 됩니다. 그분을 향해 마땅히 받으셔야 하는 찬양을 부를 수 있게 됩니다. 그때 "억!" 하는 소리와 함께 그분을 찬양하며 그분이 누구신지 다시 확인하게 됩니다. 믿음에서 믿음으로 나아가게 되는 것입니다.

여호수아와 함께했던 이스라엘은 여리고 성을 믿음으로 돌았습니다. 지난 7일 동안 총 열세 바퀴나 돌았습니다. 그런데 아직도 아무런 변화가 없습니다. 성벽은 여전히 높고 견고합니다. 여리고 성은 거대하고, 이스라엘은 초라합니다. 심지어 이스라엘은 지난 7일간 이 성을 도느라 기진맥진해졌습니다. 도저히 앞에 있는 적들과 싸울 힘이 없었습니다. 그래도 '하나님이 뭔가 하시겠지' 하는 생각으로 마지막 한 바퀴를 돌았습니다. 이 마지막 한 바퀴를 도는 중에도 아무런 변화가 없었습니다. 의심이 산만큼 커졌습니다. 그래도 믿음으로 마지막 발걸음을 옮겼습니다. 모든 것이 끝났습니다. 이제 하나, 제사장이 나팔 부는 것만 남았습니다. 그 나팔 소리에 맞춰 소리 지르는 것만 남았습니다. 제사장의 나팔 소리가 길게 울려 퍼집니다. 마지막 힘을 내어 믿음으로 그 나팔 소리에 반응해 외쳤습니다. 그때, 여리고 성이 무너져 내렸습니다. 그 무너져 내리는 성을 바라보며 모든 이스라엘 백성이 이전과는 다른 소리로 외치기 시작합니다. 이 두 번째 외침은 '찬양'입니다.

성도 여러분, 믿음이 현실이 되는 순간 우리는 하나님 앞에 고꾸라지게 됩니다. 왜냐하면, 우리의 '믿음 없음'을 우리가 알기 때문입니다. 믿고 움직이는 그 순간에도 우리가 얼마나 의심하는 줄 알기 때문입니다. 우리는 우리 믿음이 얼마나 한없이 초라하고 불완전한 것인지를 잘 알고 있습니다. 심지어 주님 말씀에 순종하면서도 불안한 마음을 감출 길이 없습니다. 주님이 말씀하셨고 "그 말씀에 순종하겠습니다"라고 대답하고 심지어 그렇게 순종의 삶을 살면서도 '이러다 망하지 않을까?' 하는 두려움과 불안함이 사라지지 않습니다. 그러나 괜찮습니다. 그 부족한 믿음을 붙잡고, 믿음대로 살아 보려 손과 발을 놀려 봤다면 말입니다. 속에 무엇이 있든 그래도 믿음으로 아들을 향해 내려가는 것을 선택하고, 침묵하며 여리고 성을 돌았다면 말입니다. 주께서 말씀에 순종하는 믿음의 사람들을 통해 기쁨과 감격을 만들어 내실 것이기 때문입니다. 분명 주님이 그 부족한 믿음을 온전케 할 그분의 표적으로 우리 삶을 채우실 것이기 때문입니다.

오직 믿음으로

이 장에서 요한복음이 제시하는 두 번째 표적은 "이제 예수 그리스도로 말미암아 우리에게 이전과 비교할 수 없는 새로운 믿음이 왔다"는 것입니다. "보지 않고 들은 것을 믿고, 그 믿음대로 행하는 이는 반드시 그 믿음의 '결국'도 보게 되리라"고 말하고 있습니다.

사랑하는 여러분, 우리는 대부분 첫 번째 믿음, 즉 '표적을 보기 원하는 믿음'을 가지고 있습니다. 그러나 그것은 아직 주님을 기쁘시게 할 수 없는 믿음입니다. '진짜 믿음'은 '보이지 않는 하나님의 말씀'을 믿는 믿음입니다. 그리고 하나님은 그 말씀이 반드시 성취될 것을 믿는 믿음으로 '말씀대로 행하는 믿음'을 요구하십니다. 보이지 않아도, 만져지지 않아도, 심지어 믿기지 않는 상황에서도 우리 주님의 말씀을 붙잡으십시오. 기록된 하나님의 말씀에서 나에게 주시는 음성을 들으십시오. 그리고 오직 믿음 있는 자만 걸을 수 있는 순종의 길을 걸어가십시오. 우리 주님이 그 믿음을 보시고, 믿음의 '결국'도 보게 만들어 주실 것입니다. 끊임없이 우리를 빚으시는, 사랑 많으신 우리 주 예수 그리스도 안에서 참된 믿음에 이르는 성도 되시기를 주님의 이름으로 축원합니다.

38년 된 중풍 병자

예수께서 이르시되 일어나 네 자리를 들고 걸어가라 하시니

끊임없는 경쟁의 바다 위에서

요 5:1-9

기대와 다른 베데스다

미국의 캘리포니아 오렌지 카운티에 가면 베데스다 대학교가 있습니다. 미국에 있어서 미국인이 세운 학교 같지만 이곳은 한국인이 세운 학교입니다. 사실 인가받은 신학교도 아니고 학문적인 기여를 하는 곳도 아닙니다. 그 대학교의 신학과는 병역 기피로 한국 입국이 금지된 가수 유승준이 다녔던 곳이라 유명해지기도 했습니다. 강원도 강릉에 가면 베데스다 기도원이라는 곳이 있습니다. 대단히 큰 규모와 시설을 갖추고 있어서 많은 사람이 그곳에 가서 기도합니다. 그 외 많은 교회와 기독교 단체는 '베데스다'라는 이름을 사용하고 있습니다. 주로 은사나 신유와 관련된 곳에서 사용하는 이름입니다. 많은 공동체가 이름으로 쓰고 싶을 정도로 '베데스다'라는 단어는 좋은 이미지를 가지고 있는 것 같습니다.

　이스라엘 성지 순례를 가면 반드시 들르는 곳 중 하나가 '베데스다 연못'입니다. 많은 분이 베데스다 연못에 가면 뭔가 대단한 일이 생길 거라고 기대하지만 막상 실제로 가서 보면 실망하곤 합니다. 기대했던 것과 너무 다르기 때문입니다. 거기에는 물이 없습니다. 옛 폐허의 흔적만 남아 있습니다. 옛날 목사님들 중에는 베데스다가 간헐천이어서 종종 물이 끓는 현상이 일어났다고 말하는 분도 있는데, 실상 그곳은 두 칸으로 나뉜 빗물 저장소일 뿐입니다. 자연적인 연못도, 간헐천도 아닌 인공적으로 만든 빗물 저장소인 것이지요. 이제부터 우리는 이곳에서 일어났던 일을 함께 살펴보도록 하겠습니다.

축제에 참여하지 않은 두 부류의 사람

　그 후에 유대인의 명절이 되어 예수께서 예루살렘에 올라가시니라 예루살렘에 있는 양문 곁에 히브리 말로 베데스다라 하는 못이 있는데 거기 행각 다섯이 있고 그 안에 많은 병자, 맹인, 다리 저는 사람, 혈기 마른 사람들이 누워 물의 움직임을 기다리니(요 5:1-3).

이 이야기의 배경은 유대인의 명절, 즉 대대적인 축제 기간입니다. 예수님은 이 명절을 온 민족과 함께 보내시고자 예루살렘으로 올라가시던 중이었습니다. 그런데 예수님은 방향을 바꾸셨습니다. 성 안이 아닌 성 밖 '베데스다 연못'으로 말입니다. 그곳에는 그늘을 제공하는 '솔로몬의 행각'이라는 다섯 개의 건축물이 남아 있고 사람들이 모여 있었습니다. 그곳 사람들은 예루살렘 축제에 참여하지 않고 연못만 바라보고 있었습니다. 그곳에는 맹인과 다리 저는 사람, 중풍 병자, 혈기 마른 사람 들이 누워 있었습니다.

고대 사회에서 국가적 축제는 특별한 의미를 갖습니다. 먹거리나 볼거리가 별로 없던 시절, 이런 명절은 모든 이에게 각별한 것이 됩니다. 많은 이가 예루살렘으로 몰려 들었습니다. 예수님도 그 명절 축제에 참여하셨습니다. 아마도 모여 있는 이들에게 약속된 메시아로 이 땅에 오신 자신을 소개하기 위함일 것입니다.

그런데 우리는 여기서 이 축제가 열리는 예루살렘과 물리적으로 가장 가까운 곳에 있으면서도, 전혀 축제에 관심 없는 두 부류의 사람들을 만나게 됩니다. 한 부류는 병자들입니다. 예루살렘성 북쪽에 있는 양문 앞 베데스다 연못 곁에 누워 있던 맹인, 다리 저는 사람, 혈기 마른 자 들입니다. 그들은 명절이나 잔치에는 관심 없었습니다. 아니, 관심 없는 정도가 아니었습니다. 그들에게는 사람들이 즐거워하고 뛰고 춤추는 것을 보는 것 자체가 고통이었습니다. 그들은 지금 몹시 아프고 힘들어서 축제를 볼 수도, 축제에서 춤을 출 수도 없었기 때문입니다. 그들은 잔치에 '참여할 수 없는 사람들'이었습니다.

축제에 참여하지 않는 또 다른 부류는 예수님과 제자들입니다. 예수님도 명절을 보내려고 올라오셨습니다. 명절에 예루살렘을 향해 올라오신 이유가 있었습니다. 예수님은 기본적으로 즐거운 분입니다. 그분은 놀 줄 아는 분입니다. 하나님이 백성에게 주신 명절에 예수님도 노래하고 춤을 추셨을 것입니다. 사람들을 만나 그들에게 하나님 나라가 왔다는 것과 자신이 그 나라를 가지고 이 땅에 온, 너희가 기다렸던 그 메시아라는 이야기를 하시려고 했습니다. 그런데 예수님은 예루살렘 성문 앞에서 발걸음을 멈추셨습니다. 양문 곁 베데스다 연못가에 있는 수많은 병자의 소리 없는 절망의 탄식을 들으셨기 때문입니다.

예수님은 성문으로 향하던 발걸음을 돌려 베데스다 못가에 있던, 불치병을 앓는 병자들 속으로 들어가셨습니다. 예수님의 귀에는 그 명절에 춤추며 노래하는 이들의 즐거운 소리보다 그 기쁨의 축제 가운데 '들어올 수 없는 이들의 신음'이 더 선명하고 크게 들렸기 때문입니다. 예수님은 그런 분입니다. 명절의 즐거운 노랫소리와 신나는 춤보다 병들어서 힘들어 하는 이들의 신음과 그들의 고통스러운 거동에 더 깊이 마음이 동하셨던 것입니다. 예수님은 예루살렘의 춤추며 노래하는 자리로 그냥 들어갈 수 없으셨습니다. 그분은 슬픈 인생들을 사랑하는 분이었기 때문입니다.

여러분, 지금 축제를 즐길 수 있는 상황입니까, 아니면 축제를 즐기기 어려운 상황입니까? 저는 우리 모두가 예루살렘성의 축제를 마음껏 즐길 수 있는 상황과 마음이길 원합니다. 가능하면 크게 걱정할 일이 없기를, 아주 평범해서 조금은 따분한 인생이기를, 그래서 명절이나 축제가 있으면 좋겠다는 생각으로 평안한 세월을 보내면 좋겠습니다. 그 평안의 시간도 우리 주님이 주시는 선물이니 그 선물 같은 시간을 잘 누리시길 바랍니다.

그러나 혹여 우리 가운데 명절이나 축제는 모르겠고, 지금 내가 품고 있는 이 문제, 도무지 답이 안 보이는 이 문제가 해결되면 좋겠다고 탄식하는 분이 있다면, 저는 이 예수님을 소개하고 싶습니다. 예루살렘 축제를 향해 오르시다 멈추시고, 베데스다의 병자들 가운데 오신 예수님 말입니다. 저는 축제를 즐기지 못하는 슬픈 인생들을 사랑하셔서 친히 발걸음을 옮기시는 예수님을 여러분에게 소개합니다.

기독교는 심오합니다. 기독교인이 되는 데 많은 공부가 필요합니다. 성경 속으로 들어가서 그 성경이라는 깊은 우물에서 진리를 길어 올리는 것은 어렵고 힘든 일입니다. 저는 평생 이 일을 하려고 합니다. 어떻게든 이 진리를 전하고자 애쓰는 목사가 되겠습니다. 그러나 동시에 기독교는 정말 단순합니다. 우리에게 찾아오시는 예수님, 그 '예수님을 만나는 것'이 기독교의 핵심이기 때문입니다. 슬프고 아픈 우리 인생, 죄 된 세상에서 여전히 죄 된 본성 때문에 많이 다치고 상한 채로 주님 앞으로 나온 우리 모두가 찾아오시는 예수님을 만나기 바랍니다.

베데스다가 아닌 베데스다

물의 움직임을 기다리니 이는 천사가 가끔 못에 내려와 물을 움직이게 하는데 움직인 후에 먼저 들어가는 자는 어떤 병에 걸렸든지 낫게 됨이러라 (요 5:3, 4).

베데스다 연못가에는 수많은 중증 병자가 있었습니다. 예수님은 그들이 불쌍해서 축제를 포기하고 그들 사이로 들어가셨습니다. 그런데 이상하게도 그 많은 병자 중 예수님을 알아보는 사람이 없었습니다. 심지어 그들 중 누구도 못가에 처음 나타난 예수님과 제자들에게 관심을 보이지 않았습니다. 예수님은 이미 여러 곳에서 병자를 치유하고 귀신을 쫓아내셨습니다. 예수님에 대한 소문은 온 이스라엘에 퍼져 있었습니다. 그런데 거기 그 많은 병자는 예수님을 알아보지 못했습니다. 이게 어떻게 된 일일까요?

성경은 그 이유를 말하고 있지 않지만 말씀 속에 힌트가 있습니다. 그들은 지금 '다른 무언가'를 바라보고 있다는 것입니다. 무엇을 보고 있습니까? '연못의 수면'입니다. 베데스다 연못은 길이 17미터에 폭 4미터 정도 되는, 빗물을 모아 만든 아주 작고 초라한 못입니다. 연못의 원래 용도는 성전으로 들어가 제물이 되는 짐승을 씻기는 곳이었습니다. 짐승을 씻기는 연못이 깨끗할 리 없고 주변이 잘 정비되어 있을 리 없습니다. 그저 흔한 연못일 뿐입니다. 그런데 지금 많은 병자가 연못 주변에 모여 그 연못 수면만 바라보고 있는 상황입니다. 무슨 이유에서일까요? 어떤 소문 때문입니다. 가끔 천사가 그 물을 초자연적으로 출렁이게 만드는데, 그때 그 물에 첫 번째로 뛰어들기만 하면, 그가 가진 병이 치료된다는 것입니다. 이곳에 있는 병자들은 이 소문을 믿는 사람들이었습니다. 그렇다면 이 소문은 진짜일까요, 거짓일까요? 간혹 물이 동할 때가 있었고, 치료되는 경우가 있었을까요?

요즘 저는 믿음이 많이 없어진 것 같습니다. 왜인지 이 소문이 베데스다 연못가에서 장사하는 이들이 만든 가짜 뉴스가 아닐까 하는 의심이 들기 때문입니다. 수많은 이가 베데스다 주변에 모여든다면 당연히 병자들과 그 병자들을 돌보기 위한 생활 기반이 만들어질 것입니다. 장사꾼들이 자리를 잡고 여관이 지어지고 식당도 생기겠지요. 사람이 모이면 돈도 모입니다. 그런 의미에서 이 소문은 뭔가 조금 이상한 것 같습니다. 적어도 제가 알고 있는 하나님이 보내신 천사는 이런 일을 할 것 같지 않습니다.

저는 이 베데스다 연못에서 그러한 기적적인 치료가 일어난 적이 있긴 했을 거라고 생각합니다. 완전히 거짓말이라면 본문에 나오는 38년 된 병자 같은 사람들이 거기에서 그렇게 오랜 시간 버틸 수 없었을 것이기 때문입니다. 불치병에 걸린 어떤 사람이 물이 출렁거릴 때 안에 들어갔을 것입니다. 그리고 치료된 것이지요. 이 소문은 아주 빠른 속도로 퍼졌을 것입니다. 그 결과 불치병을 앓던 수많은 병자가 마지막 희망을 가지고 이 연못으로 몰려든 것입니다.

이 연못가의 병자들은 불치병에 걸린 자들입니다. 이들은 예루살렘 축제에 관심 가질 수가 없었습니다. 심지어 그들은 타인을 바라보지도 않습니다. 새로운 얼굴과 인사하다가 혹시 물이 출렁거리는 것을 보지 못하면 안 되기 때문입니다. 새로운 얼굴은 모두 다 경쟁자이며 자신의 기회를 빼앗을 수 있는 적입니다. 그들에게 중요한 것은 이 베데스다의 물이 동할 때, 1등으로 그 물에 들어가는 것뿐입니다. 그것이 그들의 유일한 소망입니다.

'베데스다'는 아람어 '베티스다'를 음역한 단어입니다. 뜻은 '은혜의 집'입니다. 여러분은 이 베데스다 연못 주변 풍경이 어떨 거라고 생각하십니까? 언뜻 이름만 생각하면, 이 기적이 나타나는 '베데스다'는 아름다운 곳일 것 같습니다. 불치병이 기적적으로 치료되는 곳, 물을 보고 있다가 물이 움직일 때 뛰어들기만 하면 어떤 병이든 낫는 곳, 거기다가 이름마저도 '은혜의 집'이라면, 우리는 베데스다의 풍경을 아름다운 천국과 같은 곳으로 생각할 것입니다. 그러나 베데스다의 풍경은 결코 천국일 수 없습니다. 그곳은 가장 강력한 비(非)은혜의 법칙이 지배하는 곳이기 때문입니다.

베데스다는 그곳에 있는 대다수의 사람을 '실패자'로 만드는 곳입니다. 전국에서 몰려온 수많은 병자가 한 가지 목적으로 거기에 있었습니다. 베데스다 풍경을 상상해 봅시다. 어느 날 물이 움직입니다. 그것을 기다리던 수많은 병자 중 가장 눈이 밝고, 발이 빠르고, 힘이 좋고, 운 좋은 단 한 사람이 물에 들어가 치료받습니다. 여러분, 여기에 모여 있는 병자들의 병명이 무엇입니까? '맹인, 다리 저는 자, 혈기 마른 자'입니다. 그 못가에 있던 병자들 중 누구도 그

물에 뛰어들어 갈 수 없습니다. 물이 동하는 것을 볼 수 없는 '맹인'과 보더라도 달려갈 수 없는 '다리 저는 자', 사람들을 밀치고 잡아당길 힘이 없는 '혈기 마른 자'가 거기에서 그 물이 움직이기를 기다리고 있는 것입니다. 물이 동한다 해도 눈먼 자는 보지 못합니다. 저는 자는 뛰지 못합니다. 혈기 마른 자는 몸싸움에서 밀려납니다. 베데스다 못가는 아수라장이 됩니다. 그중 가장 눈이 밝고 빠르고 힘센 누군가가 그 물에 뛰어듭니다. 그가 우렁찬 함성으로 자신의 치유를 선언합니다. 그의 승리의 외침이 울려 퍼지는 순간, 그 자리에 있던 많은 병자의 눈에서 눈물이 쏟아집니다. 그런 곳이 '베데스다'입니다. 이토록 슬픈 모습이 베데스다의 풍경입니다. 저는 그곳이 지옥도가 아닐까 생각해 봅니다.

우리가 사는 이 땅의 다른 이름, '베데스다'

베데스다에는 친구가 없습니다. 그 연못 앞에 서면 우린 다 적이 되고 경쟁자가 됩니다. 모두가 나의 치유를 방해하는 적들인 것입니다. 치유되는 한 명이 되기 위해, 주변에 있는 모든 이를 짓밟고 달려야만 하는 곳입니다. 여기서는 모두가 나의 경쟁자, 다시 말해 적입니다. 베데스다를 상상해 보십시오. 그 안에서 일어나는 일들을 생각해 보십시오. 한 명이라도 빨리 죽어 나가야 내 치료의 확률이 높아지는 곳에서 과연 매일 어떤 일들이 일어날까요? 이곳은 결코

'은혜의 집'이 아닙니다. 절대 양보할 수 없습니다. 절대 상대방의 사정을 봐줄 수 없습니다.

그런데 여러분, 베데스다가 과연 여기뿐일까요? 모두가 한 가지를 바라고 있습니다. 그러나 1등이 아니고서는 어떤 혜택도 받을 수 없습니다. 모두가 이 길이 승리하는 길이고 성공하는 길이며 참된 행복의 길이라고 말합니다. 그러나 아주 소수 외에는 이 승리와 성공과 행복을 맛볼 수조차 없습니다. 원래부터 강했던 소수의 사람이 결국 승리의 노래를 부릅니다. 그 외 다수는 절망할 수밖에 없습니다. 바로 우리가 사는 이 세상에 대한 이야기입니다. 베데스다는 우리가 사는 이 세상의 다른 이름입니다.

우리 대부분은 이 베데스다를 떠날 수가 없습니다. 이미 이 베데스다의 거짓 약속에 마음을 빼앗겼기 때문입니다. 이 세상이 끊임없이 우리에게 베데스다의 경쟁을 통해 엄청난 성공과 행복을 맛봤다고 하는 사람들의 전설과 간증을 들려주었기 때문입니다. 너무 어릴 적부터, 너무 오랫동안, 그리고 너무 익숙하게 듣고 본 것들이 온통 그런 이야기들입니다. 돈, 실력, 외모, 집안, 학벌, 이런 것들이 우리를 진정으로 행복하게 해줄 것이라고 하는 세상의 소리에 세뇌당했기 때문입니다.

제가 지금 우리와는 상관없는 이야기를 하는 것일까요? 아닙니다. 지금 저는 우리 이야기를 하고 있습니다. 학벌은 우리에게 행복을 약속했습니다. "좋은 대학만 가라!" 오직 그것만 생각하며 이 땅의 청소년들이 수년간 숨도 쉬지 않고 뛰고 있습니다. 세상이 하는 말이 무엇입니까? 학벌만 있으면 뭘 해도 된다는 것 아닙니까? 직장은 또 어떻습니까? 높은 경쟁률을 뚫고 대기업 또는 공기업에 들어가기만 하면, 공무원이 되기만 하면 성공한 인생이라 말합니다. 특정 고시들은 어떨까요? 이 고시에 합격하기만 하면 그 후로는 행복을 보장받을 수 있다고 말합니다. 그들이 하는 말은 한 가지입니다. "엄청난 경쟁률을 뚫고 살아남아라. 이겨라. 상대방을 철저하게 무너뜨리고, 네 경쟁자들을 짓밟고 올라서라. 그러면 우리가 널 행복하게 해주겠다."

사랑하는 성도 여러분, 과연 인생은 그렇게 해서 승리와 행복을 경험하게 되는 것일까요? 과연 그렇게 살아남고, 그렇게 남을 짓밟아 가며 이기면 인생이 행복해질까요? 그렇다면 치열한 경쟁에서 이기기에 너무나 약한 이들은 어떻게 되는 것일까요? 베데스다의 특성상 아주 소수만이 그 경쟁에서 이길 텐데, 경쟁에서 진 이들은 또 어떻게 해야 할까요? 그런 사람들은 이 땅에서 영원토록 불행해야 하나요?

이들에게 소망이 있기는 할까요? 이 베데스다의 병자들에게 희망이 있을까요? 성경은 "없다!"고 말합니다. 세상의 방식으로는 누구도 참된 행복과 참된 치유와 참된 승리를 얻을 수 없습니다. 베데스다는 거짓말쟁이인 셈입니다. 그들은 은혜가 있다고 했지만 정말 은혜가 필요한 누구에게도 은혜를 줄 수 없는 곳이란 말입니다. 성경은 이 세상을 상징하는 '베데스다'가 '거짓 은혜의 집'이었음을 밝힙니다. 마귀는 이 세상이 만들어 놓은 규칙을 잘 지키면, 열심히 하면, 최선을 다하면 "진정한 은혜를 누릴 수 있다"고 말합니다. 왜 마귀는 이런 베데스다를 만들어 놓은 것일까요? 이 거짓 '은혜의 집'으로 마귀가 하고 싶은 것이 무엇일까요? 이 짝퉁 '은혜의 집' 베데스다는 어디에 있습니까?

> 예루살렘에 있는 양문 곁에 히브리 말로 베데스다라 하는 못이 있는데(요 5:2).

예루살렘성에 있는 수많은 문 중 한 문, "양문" 옆에 있습니다. 양문은 이름 그대로 양들이 통과하는 문입니다. 예루살렘의 성전으로 들어가 제물이 되는 양들이 지나가는 문 말입니다. 느헤미야가 성벽을 재건할 때, 처음 언급하는 문이 '양문'입니다. 그리고 마지막으로 나오는 문도 '양문'입니다. 양문에서 시작해서 양문으로 끝나는 것이 예루살렘성이었습니다.

왜 양들이 지나다니는 조그맣고 초라한 이 성벽 문이 예루살렘성의 기준이 되었던 것일까요? 이 문은 성전과 이어진 문이기 때문입니다. 진짜 은혜는 '성전 안에' 있습니다. 진짜 은혜는 제물이 되어 이 성전으로 들어가는 양에서 나오는 것입니다. 이후에 오실 이, 모든 양을 대신해서 우리 죄 때문에 죽임당하실 예수 그리스도 안에 있는 것입니다. 그래서 지독하게 똑똑한 사탄은 천사로 위장하고 그 '참된 은혜의 집'으로 들어가는 문 바로 옆에, '가짜 은혜의 집' 베데스다를 만들어 놓은 것입니다. 그래서 그들은 그들 가운데 예수님이 오셨음에도 참된 소망이신 예수님을 알아볼 수 없었던 것입니다.

진지하게 삶을 숙고해 보십시오. 아주 잠깐이라도 좋으니 멈춰보십시오. 끊임없이 돌아가는 여러분의 걱정도 잠깐 멈춰 보십시오. 그리고 스스로에게 물어보십시오. 정말 여러분이 지금 가는 길에서 '진정한 만족과 행복'을 얻을 수 있을까요? 그 끝이 어디일지 모르나 다른 이들이 모두 달리니까 "일단은 달려가야지!"라고 말하지 마십시오. 지금 서 있는 자리가 어디와 이어져 있는지 제발 생각해 보라는 것입니다.

왜 38년 된 병자만?

거기 서른여덟 해 된 병자가 있더라 예수께서 그 누운 것을 보시고 병이 벌써 오래된 줄 아시고 이르시되 네가 낫고자 하느냐(요 5:5, 6).

베데스다에 있던 수많은 병자 중 단 한 사람이 예수님의 치료를 경험하게 됩니다. 왜 이 사람뿐일까요? 이 사람도 베데스다에 있던 자입니다. 그런데 어떻게 이 사람은 예수님의 치료를 받을 수 있었을까요? 딱 한 가지 이유밖에 찾을 수 없습니다. 그는 은연중에 베데스다가 거짓이라는 것을 알고 있었기 때문입니다. 그의 눈은 베데스다의 수면을 향해 있지 않았던 것입니다. 그것을 어떻게 알 수 있습니까? 단서는 그의 말에서 찾을 수 있습니다.

예수님이 그를 향해 다가오셨습니다. 그는 38년이라는 오랜 세월을 병으로 고통당해 온 사람입니다. 베데스다의 환자들 중에서도 확실하게 중증인 환자였습니다. 예수님은 그를 향해 "네가 낫고자 하느냐?"라고 질문하셨습니다. 이것만큼 황당한 질문이 없습니다. 모두 나아 보겠다고 여기 베데스다에서 노숙하는 사람들이란 말입니다. 그런데 "네가 낫고자 하느냐?"라고 물으시다니요.

그런데 이 38년 된 병자의 대답이 무척 이상합니다. "네, 저는 낫고 싶습니다"라고 해야 합니다. 그런데 그렇게 말하지 않습니다.

주여 물이 움직일 때에 나를 못에 넣어 주는 사람이 없어 내가 가는 동안에 다른 사람이 먼저 내려가나이다(요 5:7).

깊은 절망이 묻어 있는 목소리입니다. 그는 오랜 세월 거기에 누워 있으면서 여러 번 보았습니다. '물이 움직일 때가 있다'는 것이지요. 그런데 자신은 그 물을 향해 뛰어들 만한 힘이 없다는 것입니다. 누군가 그를 들어 저 물에 던져 주지 않는 한 그에게는 소망이 없다는 것입니다. 몸은 여전히 '은혜의 집', 베데스다에 있습니다. 이 사람은 베데스다의 실체를 알아 버렸습니다. 이곳에서 결코 자신이 치유되지 못할 것을, 이곳에서는 결코 자신이 나을 수 없다는 것을 말입니다.

그런데 왜 떠나지 않았던 것일까요? "그냥"입니다. 마땅히 죽을 이유가 없어서 사는 사람이었던 것이지요. 다른 사람들 대부분이 이곳에 남아 있고, 그래도 이곳에 소망이 있다고 합니다. 더 중요한 것은 다른 소망을 들어 본 적이 없기에, 움직일 이유가 없기에 그냥 여기에 있는 것입니다. 그는 마음이 상한 자이며, 가난한 자이며, 애통하는 자였습니다. 그는 상황을 정확하게 인식했습니다. 그래서 그는 온통 베데스다만 바라보고 있는 병자들 가운데 '병자들을 보고 계신 예수님'을 볼 수 있었던 것입니다. 예수님이 그를 보셨습니다. 다가오셨습니다. 그리고 그에게 말씀하시고, 그를 자리에서 일으켜 세우셨습니다.

사실 베데스다에 있는 대부분의 환자는 알고 있습니다. 이 베데스다에 소망이 없다는 것을 말입니다. 그러나 그들에게 다른 선택의 여지가 없기에 그냥 거기에 있었던 것입니다. 가끔 가슴 깊은 곳에서 불안과 함께 '지금 내가 서 있는 여기에 행복이나 치유나 생명이 없다'는 생각이 떠오릅니다. 그럴 때마다 고개를 흔들며 그 불안을 떨치려 합니다. 그러나 내 안에 있는 또 다른 나는 이미 베데스다가 거짓 은혜의 집이라는 것을 알고 있습니다. 세상이 말하는 성공과 행복 이야기를 들으면 여러분은 어떻습니까? 좋은 차와 좋은 집이 여러분을 행복하게 해줄 수 있을까요? 좋은 직장에 들어가기만 하면, 결혼하여 가정을 꾸리기만 하면 정말 행복해질까요? 여러분도 알고 있지 않나요? 그 이야기들이 실제가 아니라는 것을 말입니다.

우리는 이 38년 된 병자의 자리로 내려가야 합니다. 이 세상의 방법으로는, 이 세상이 소개하는 방식으로는 진정한 은혜를 누릴 수 없다는 것을 솔직하게 인정해야 합니다. 참된 행복은 소유에 있지 않음을 인정해야 합니다. 진짜 후회 없는 삶은 세상이 알려 주는 방법을 잘 따라서 얻을 수 있는 것이 아님을 받아들여야 합니다. 여러분, 이 세상(베데스다)의 소망 없음을 인정하고, 가난하고 애통한 그 자리로 내려가야 합니다. 세상에도, 내 안에도 소망이 없음을 인정해야 합니다. 그때 누군가가 여러분 앞에 서 계심을 보게 될 것입니다. 우리 주 예수 그리스도, 양문 곁에 서신 하나님의 어린양, 우리의 진정한 치료자이신 예수님 말입니다.

일어나 네 자리를 들고 걸어가라

이 병자는 38년 동안 병들어 있던 자입니다. 당시 유대 남성의 평균 수명은 40년이 채 안 되었습니다. 이 사람은 어떤 이들의 평생에 해당하는 기간을 중풍병으로 고통당하고 있습니다. 누가 봐도 그 베데스다에서 가장 비참한 사람이었습니다. 38년은 길어도 너무 긴 시간입니다. 그의 몸은 만신창이가 되었으며, 가족은 그의 곁을 지켜 주지 못했습니다. 그는 사회적으로 고립되었고, 낯선 이의 관심 어린 질문에 원망을 가득 담아 대답할 만큼 마음이 꼬일 대로 꼬여 있었습니다. 이 병자는 다른 사람들보다 나은 것이 하나도 없었습니다. 그는 최악의 병자였습니다.

"네가 낫고자 하느냐?"의 대답은 "예!"여야 합니다. 그런데 이 꼬일 대로 꼬인 38년 된 병자는 그렇게 대답하지 않습니다. 그는 예수님이 누구인지 모르기 때문입니다. 그가 구하는 것은 이것입니다. "저 물이 움직일 때 나를 물에 던져 줄 수 있으신가요? 날 좀 도와주세요!" 이것이 이 병자의 수준이었습니다. 예수님에게 자신이 베데스다의 경쟁에서 이길 수 있도록 도와달라고 부탁한 것입니다. 이 병자의 요청은 어쩌면 우리네 기도와 매우 비슷합니다. 세상의 경쟁에서 이길 힘과 능력과 지혜와 인내를 달라고, 당신의 도움이 필요하다고 구하는 우리의 기도 말입니다. 여러분, 그래도 괜찮습니다. 적어도 우리 주님 앞에 나온 거잖습니까? 그래도 우리 주님이 뭔가 해주실 거라는 기대를 갖고 선 것이니 말입니다. 주님이 그 병자에게 말씀하십니다.

> 예수께서 이르시되 일어나 네 자리를 들고 걸어가라 하시니(요 5:8).

우리 예수님은 베데스다가 필요하지 않습니다. 참된 베데스다인 그분은 말씀만 하시면 됩니다. 38년 된 병자의 간구는 어떻게든 "나를 이 베데스다의 경쟁에서 이길 수 있도록 도와달라!"는 것이었습니다. 그렇지만 예수님이 보여 주신 것은 "그 베데스다의 경쟁 없이도, 나는 네가 갖고 싶어 하는 그 진정한 은혜, 참된 행복을 네게 줄 수 있다"는 것입니다. 말씀은 곧바로 성취됩니다. 38년이나 누워 있던 이 병자가 그 말 한마디에 일어섰습니다. 주님의 말 한마디에 38년간 병들어 있고, 그 병 때문에 파괴된 한 인생이 회복된 것입니다. 그리고 진정한 소원이었던 '자유와 행복'을 얻게 된 것입니다.

여러분, 예수님은 이 인생의 싸움에서 더 잘 싸울 수 있도록 돕는 분 정도가 아닙니다. 부처도, 공자도 그런 면에서 다 유익하고, 철학이나 교육이나 정치도 그런 면에서 도움을 줄 수 있습니다. 그러나 예수님은 우리를 경쟁 속에서 이기도록 도와주시는 분 정도가 아니라, 그 경쟁 자체를 뛰어 넘게 하시는 분입니다.

예수님은 무에서 유를 만드시는 창조주 하나님과 동등한 분입니다. 38년 된 병자를 고치기 위한 일곱 단계 같은 것이 필요 없습니다. 그분은 말씀하셨고, 그대로 되었습니다. 베데스다와 전혀 무관하게 그분의 구원을 이루신 것입니다. 단순히 아픈 마음을 위로해주는 분, 힘들 때 기댈 수 있는 분 정도로만 예수님을 이해하고 있다면, 생각을 바꿔야 합니다. 예수님은 모든 것을 하실 수 있는 분으로 말입니다. 그분에게는 베데스다가 필요 없습니다. 그분은 그분의 능력으로 자녀들의 인생을 놀랍도록 의미 있게 바꾸실 수 있는 분입니다. 여러분이 그분 앞에 나아가기만 하면 됩니다.

베데스다를 떠나 베데스다로

본문에 나오는 '양문 곁 베데스다'는 우리가 사는 이 세상과 매우 닮았습니다. 세상은 끊임없이 우리를 향해 베데스다의 구호를 외칩니다. "더 빨리, 더 높이, 더 멀리!" 그러나 이것은 거짓말입니다. 이것은 소수만 웃고, 대부분을 울게 만드는 구호입니다. 세상은 달콤한 말로 우리를 속입니다. '베데스다'가 '은혜의 집'이라고 말입니다. 세상은 우리 인생을 향해 이 치열한 경쟁 속에서 진정한 행복과 성공을 획득할 수 있다고 속입니다. 하지만 한 방울의 은혜도 없는 비은혜의 장소가 베데스다이듯, 세상의 경쟁은 우리 인생을 자유하게도, 행복하게도 만들 수 없습니다.

거짓 은혜의 집인 베데스다의 거짓에서 벗어나십시오. 거기에는 행복이 없다고 선언하십시오. 그리고 이 베데스다 한복판까지 내려오셔서, 베데스다의 출렁이는 물이 아니라 그 앞에서 죽어 가는 인생들을 바라보고 계신, '참 베데스다'가 되시는 우리 주님을 바라보십시오. 주님에게 도움을 구하십시오. 주님이 내미신 손을 잡으십시오. 주님이 우리에게 "자리를 들고 일어나 걸어가라!"고 말씀하실 것입니다. 이 소망 없는 베데스다에서 일어날 수 있는 능력과 은혜를 주실 것입니다. 베데스다가 아니라 예수님만이 우리의 소망임을 고백하는 성도 되시기를 소원합니다.

간음한 여인

선생이여 이 여자가 간음하다가 현장에서 잡혔나이다

참된 용서를 베푸시는 분

요 8:1-12

우리는 얼마나 용서와 먼 사람들인가

어떤 성경 학자들은, 요한복음 8장 1-11절은 원래 성경 본문에 없었다가 후대에 추가되었다고 주장합니다. 이렇게 말하는 이유는 요한복음의 내용 흐름만 보면 7장 후반부와 8장 12절이 연결되기 때문입니다. 7장 후반부에서 예수님은 성전에 올라가셔서 자신을 '생수의 강'이라고 소개하십니다. 8장 12절에서는 예수님이 자신을 '세상의 빛'이라고 소개하십니다. 즉 성전에 올라가신 예수님이 그곳에 모인 이들에게 자신을 '생수의 강'과 '세상의 빛'이라고 소개하고 자신을 믿고 따르는 이들에게 주어질 생명과 빛에 대해 말씀하시는 것으로 자연스럽게 읽어야 한다는 것입니다. 8장 1-11절을 떼어 놓고 읽어도 내용 흐름이 전혀 이상하지 않다는 것입니다.

그런데 저는 7장 후반부에 나오는 예수님의 소개인 '생수의 강'과 8장 12절에 나오는 '세상의 빛'이라는 표현을 이해하기 위해서는 8장 1-11절의 내용이 꼭 필요하다고 봅니다. 예수님이 왜 생수의 강인지, 예수님이 왜 세상의 빛인지를 보여 주는 이야기가 바로 이 장의 본문, 간음하다 잡혀 온 한 여인을 용서하시는 이야기라고 생각하기 때문입니다.

여러분, 용서는 인간적인 것이 아닙니다. 용서는 신적인 것입니다. 그래서 진짜 용서하고 싶다면 진짜 용서를 받아 봐야 합니다. 본문에는 진정한 용서를 행하시는 분과 그 용서를 받은 한 여인이 등장합니다. 이 사건은 오직 예수님만이 진정한 생수의 강이시고, 세상의 빛이심을 보여 줍니다.

그날에 일어난 일

아침에 다시 성전으로 들어오시니 백성이 다 나아오는지라 앉으사 그들을 가르치시더니 서기관들과 바리새인들이 음행 중에 잡힌 여자를 끌고 와서 가운데 세우고 예수께 말하되 선생이여 이 여자가 간음하다가 현장에서 잡혔나이다 모세는 율법에 이러한 여자를 돌로 치라 명하였거니와 선생은 어떻게 말하겠나이까 (요 8:1-4).

예수님이 성전에 계셨고 백성이 예수님의 가르침을 듣기 위해 나아 왔습니다. 예수님은 그들에게 무언가를 가르치셨습니다. 그런데 그 때 그 가르치는 자리에 이스라엘의 선생이라 불리는 서기관들과 바리새인들이 '음행 중에 잡힌 여자'를 끌고 오더니 그들 가운데 세웠습니다. 그리고는 "이 여자가 간음하다 현장에서 잡혔다"고 말하며, 이 여자에 대해 어떤 처벌을 내려야 하는지 물었습니다. 예수님은 그 서기관들과 바리새인들이 가지고 온 질문에 답해야 했습니다. 무리는 예수님이 어떻게 대답하실지 궁금해하며 바라보았을 것입니다. 그런데 여러분, 이것은 순수한 호기심에서 나온 질문이 아니었습니다.

> 그들이 이렇게 말함은 고발할 조건을 얻고자 하여 예수를 시험함이러라(요 8:6).

종교 지도자들은 예수님이 싫었습니다. 예수님의 영향력이 커지는 것을 자신들의 영향력이 줄어드는 것으로 생각했습니다. 어떻게든 예수님이 사역하실 수 없게 만들 구실을 찾았습니다. 그러다 찾아낸 방법이 바로 이 '간음하다 현장에서 잡혀온 여인의 처리에 대한 질문'이었습니다.

만약 예수님이 "이 여인을 용서해야 한다"고 하시면 예수님은 모세의 율법을 무시하는 자가 됩니다. 이스라엘이 중요하게 생각하는 십계명의 일곱째 계명인 '간음하지 말라'는 명령을 무시한 것이지요. 율법, 심지어 아주 명백한 십계명의 일부조차 지키지 않는 이가 하나님이 보내신 이일 수 없습니다. 또 율법을 무시한다는 종교적인 죄목으로 얼마간 감옥에 가둘 수도 있습니다.

반대로 예수님이 "이 여인을 돌로 치라"고 하시면 역시 예수님은 이스라엘의 선생 자격을 잃게 됩니다. 그는 사랑을 가르쳤고 용서를 가르쳤습니다. 하나님의 은혜를 가르쳤고, 그 은혜가 곧 자신이라고 말씀하셨습니다. 그런데 그런 그가 "여인을 돌로 쳐서 죽이라!" 명령한다면, 그는 이제껏 무리에게 가르쳤던 것을 실천하지 않는, 일관성 없는 자가 됩니다. 동시에 예수님이 이렇게 말하는 것은 로마의 실정법을 어기는 일이기도 합니다. 로마는 자신의 식민지 안에서 저지른 중대한 죄에 대해서는 로마 재판부에서 재판받도록 했습니다. 유대인들이 임의로 사형을 집행해서는 안 되게 되어 있는 것이지요. 예수님이 "돌로 치라!"고 한다면 예수님은 로마법으로 '살인 교사죄'를 저지른 중죄인이 되는 것입니다.

그들은 예수님을 잡을 정교한 올가미를 만들었습니다. 그리고 아주 공개적인 자리인 성전에서, 많은 무리가 보고 있는 시간에 예수님을 향해 이 올가미를 던졌습니다. 과연 예수님은 이 올가미에 어떻게 반응하실까요? 그 자리에 모인 모든 무리처럼 우리도 예수님의 이후 행동이 궁금합니다.

생명에 관심 없는 종교 지도자들

여기서 우리가 하나 짚고 넘어가야 할 것이 있습니다. 바로 서기관들과 바리새인들입니다. 이들은 유대인의 선생입니다. 서기관은 하나님의 말씀인 율법을 연구하고 가르치는 사람들입니다. 율법을 보존하기 위해 외우고 또 그것을 기록하여 남기는 사람들입니다. 성경 연구가, 성경 박사, 성경 교사들입니다. 바리새인들도 마찬가지입니다. 이스라엘이 이토록 계속 제국의 압제를 받는 것은 우리가 똑바로 신앙생활을 하지 않아서라고 생각했던 자들입니다. 철저하게 율법을 지키기 위해 애쓰고 노력했던 사람들입니다. 이들은 이스라엘의 종교 지도자들이었습니다.

그런데 이들은 '사람의 생명'에는 관심 없었습니다. 동시에 이들은 모세의 율법을 지키는 데도 별 관심 없는 것 같았습니다. 그들은 간음한 여인을 현장에서 잡아 오면서 그곳에 함께 있던 남자는 데려오지 않았습니다. 왜 그랬을까요? 현장에서 잡힌 여자만 있으면 충분히 예수님의 목에 올가미를 던질 수 있기 때문입니다. 그들은 이스라엘 가운데 퍼진 간음을 제거하여 거룩한 공동체를 만들기 위해 움직이는 것이 아니라, 자신의 기득권과 영향력을 잃게 만드는 예수를 제거할 도구만 있으면 되기 때문입니다.

이 바리새인과 서기관의 모습이 우리에게도 있습니다. 죄에 민감하며, 이 세상의 모습을 보면서 '이런 것들은 바뀌어야 한다'고 분노를 발합니다. 그러나 그렇게 말하는 이유가 무엇이냐는 것이지요. 바리새인들과 서기관들은 간음한 여인을 직접 잡아 오기까지 했습니다. 그러나 그 이유는 이 여인의 회복이나 이스라엘 공동체의 거룩의 회복 같은 게 아니었습니다. 그저 자기가 원하는 것을 얻기 위한 수단이었던 것입니다. 우리도 그렇습니다. 다른 사람의 죄를 정죄하면서 자신이 얼마나 대단한 사람인지를 드러내고 싶어서 그렇게 움직일 수 있습니다. 오직 나의 이익을 위해 하는 행동이지요. 진짜 다른 이를 살리고 고치고 회복시키고자 하는 마음에서 죄의 문제를 다루는 것이 아닙니다.

생명의 빛이신 예수님이 행하신 일

자, 이제 모든 시선이 예수님에게 집중되었습니다. 모인 이들이 모두 예수님의 입만 보고 있습니다. 그들도 생각했을 것입니다. 예수님이 어떻게 대답해도 대단히 난처한 일이 발생할 것이라고 말입니다. 이 함정을 팠던 이들은 회심의 미소를 지었을 것입니다. 그런데 그 순간, 예수님은 그들이 전혀 예상할 수 없었던 행동을 하십니다.

예수께서 몸을 굽히사 손가락으로 땅에 쓰시니(요 8:6).

예수님이 아무런 말도 하지 않으시고 갑자기 몸을 굽히셔서 손가락으로 땅에 뭔가를 쓰시는 겁니다. 도대체 뭘 쓰셨던 걸까요? 성경 학자들은 이 상황을 다양하게 해석합니다. 대표적인 것만 다섯 가지입니다. 가장 유명한 것은 서기관들과 바리새인들의 죄의 목록을 기록했다는 것입니다. 여인에게 내릴 죄에 대한 판결문이었을 것이라고 말하는 이도 있습니다. 또 '흙에 기록을 남긴다'는 내용이 나오는 예레미야 17장 13절을 썼을 것이라고 말하는 이도 있고, '모함하지 말라'는 내용이 나오는 출애굽기 23장 1절을 썼을 것이라고 말하는 이도 있습니다. 그리고 마지막 다섯 번째로 '그냥 땅에 낙서를 하시면서 마음의 평정을 찾았던 것'이라고 말하는 이도 있습니다. 성도 여러분, 도대체 예수님은 땅바닥에 무엇을 쓰셨던 걸까요? 여러분은 뭐라고 생각하십니까?

우리는 알 수 없습니다. 성경에 기록되어 있지 않기 때문입니다. 우리는 성경이 말하는 것까지 듣고, 성경이 보여 주는 것까지 볼 수 있습니다. 그리고 성경이 말하지 않는 것은 '모른다'고 하는 게 맞습니다. 중요한 것은 '기록된 것을 알고 행하는 것'입니다. 기록된 것은 그 이후에 일어나는 일들입니다. 어떤 일이 일어납니까?

> 그들이 묻기를 마지 아니하는지라 이에 일어나 이르시되 너희 중에 죄 없는 자가 먼저 돌로 치라 하시고 다시 몸을 굽혀 손가락으로 땅에 쓰시니 그들이 이 말씀을 듣고 양심에 가책을 느껴 어른으로 시작하여 젊은이까지 하나씩 하나씩 나가고 오직 예수와 그 가운데 섰는 여자만 남았더라(요 8:7-9).

예수님이 땅바닥에 무언가를 쓰실 때, 서기관들과 바리새인들은 계속해서 예수님에게 대답을 요구했습니다. 예수님이 회피하고 있다고 생각한 것입니다. 땅바닥에 뭐가 있는지는 보이지 않습니다. 예수님이 어떻게 말해도 이 올가미에 걸릴 텐데 말을 하지 않고 있기 때문입니다. 그들은 계속해서 예수님에게 대답을 요구했습니다. 그때 땅바닥에 글쓰기를 마치신 예수님이 일어나 말씀하셨습니다. "너희 중에 죄 없는 자가 먼저 돌로 치라!"

여러분, 이것은 이 여인을 돌로 쳐야 한다고 말씀하신 것이 아닙니다. 그렇다고 해서 이것은 "너희 중에 마음으로 간음하지 않은 사람이 있느냐? 다 마음으로는 간음하지 않았느냐? 실제 간음한 이 여인도 죄인이지만 너희도 다 죄인이지 않느냐?"라고 말씀하신 것도 아닙니다. 모세의 율법을 가지고 올가미를 만들어 자신을 해하려던 이들을, 예수님이 모세의 율법을 근거로 맞받아치신 것입니다. 이것은 신명기 17장 7절을 배경으로 합니다.

> 이런 자를 죽이기 위하여는 증인이 먼저 그에게 손을 댄 후에 뭇 백성이 손을 댈지니라 너는 이와 같이 하여 너희 중에서 악을 제할지니라.

이 여인이 정말 간음의 현장에서 잡혀 온 것이라면, 그래서 공개적인 자리에서 돌에 맞아 죽어야 할 죄인이라면 이 여인의 죽음에 책임질 사람이 먼저 나와서 이 여인에게 돌을 던지라는 것입니다.

예수님은 그렇게 나와서 여인에게 가장 먼저 돌을 던져야 할 증인에게 이런 근거를 추가합니다. 그 증인은 반드시 죄가 없어야 한다는 것입니다. 죄인이 죄인을 죽이는 증인이 될 수는 없기 때문입니다. 오직 죄 없는 자만 죄인을 죽이는 증인이 될 수 있다는 것입니다. "너희 중에 죄가 없다고 당당하게 말할 수 있는 자가 나와 돌을 들어 이 여인에게 던지라"는 도전인 것입니다.

여러분, 이제 이 여인에게 '돌을 던진다'는 의미가 무엇인지 아시겠습니까? "나는 죄가 없다"라고 공개적으로 주장하는 것입니다. 그런데 서기관들과 바리새인들 가운데 그 누구도 "나는 죄가 없다"고 말할 수 없었습니다. 율법에 대해 조금이라도 아는 자라면 자신을 '죄 없다' 말할 수 없기 때문입니다. 그래서 그들은 하나둘 그 여인을 정죄하는 자리에서 물러난 것입니다.

이제 그 자리에는 예수님과 그 여자만 남았습니다. 예수님은 여자를 향해 "너를 고발하던 이들이 어디로 갔느냐"고 물으셨습니다. 여자는 자신을 정죄하던 이들이 다 떠났다고 대답했습니다. 이제 단 한 분 예수님만 그 자리에 남아 있습니다. 예수님은 죄가 없으십니다. 지금 유일하게 이 여인을 향해 돌을 던질 수 있는 분입니다. 그런데 그 예수님이 입을 열어 말씀하십니다.

> 예수께서 이르시되 나도 너를 정죄하지 아니하노니 가서 다시는 죄를 범하지 말라 하시니라(요 8:11).

예수님이 이 여인을 정죄하지 않겠다 하십니다. 예수님이 이 여인을 향해 가라고 하십니다. 예수님이 이 여인에게 다시는 같은 죄를 짓지 말라 하십니다. 방금 전 분노한 사람들의 손에 의해 죽임당할 신세였던 이 여인에게 새로운 인생이 열린 것입니다.

이 여인은 정신 차릴 수가 없었습니다. 방금 전까지 정말 죽는 줄 알았습니다. 간음한 현장에서 잡혔을 때 그도 부끄러웠을 것입니다. 분노한 사람들 가운데 있을 때 그는 이제 곧 돌에 맞아 죽게 되었다고 생각했을 것입니다. 그런데 이해할 수 없는 이유로 성전까지 끌려왔고, 예수라는 사람 앞에 서게 된 것입니다. 그 예수는 이상한 행동을 했고, 그 후에 그가 던진 한마디 때문에 자신을 죽이려고 했던 이들이 물러나 버린 것입니다. 그러고는 마지막 남아 있는 그 한 분이 입을 열더니 자기를 정죄하지 않고, 인생을 다시 시작할 기회를 주신 것입니다. 그분이 여인을 향해 마지막으로 이렇게 자신을 소개합니다.

> 예수께서 또 말씀하여 이르시되 나는 세상의 빛이니 나를 따르는 자는 어둠에 다니지 아니하고 생명의 빛을 얻으리라(요 8:12).

예수님은 '세상의 빛'입니다. 빛이신 예수님을 만나면, 어떤 일이 벌어집니까? 생명의 빛을 얻게 됩니다. 이 여인은 빛이신 예수님을 만나 생명의 빛을 얻게 된 것입니다. 간음하다 현장에서 잡혀 죽을 수밖에 없는 여인이었는데, 풀려나 자유케 되었을 뿐 아니라 이전과 전혀 다른 삶을 살아갈 수 있는, 생명의 빛을 소유하게 된 것입니다. 이제 본문을 통해 '세상의 빛'이신 예수님을 만났을 때 일어나는 변화를 세 가지로 정리해 보겠습니다.

변화 1_ 죽은 양심이 살아나다

음행 중 잡힌 여자를 끌고 와 비난하며 증오심을 보였던 서기관들과 바리새인들의 변화입니다. 이들은 올가미를 만들고 그 올가미로 예수님을 잡으려 했습니다. 이 여인을 미끼 삼았습니다. 이 여인의 죄를 해결한다거나 새로운 삶을 살게 만들 계획 같은 것은 애초에 전혀 없었습니다. 그저 이 여인을 이용해서 예수를 옭아맬 생각뿐이었습니다. 그런데 세상의 빛이신 예수님이 그들 앞에서 답변을 유보하시고, 땅에 무언가를 쓰시더니, "너희 중에 죄 없는 자가 먼저 돌로 치라"는 율법의 말씀을 권위 있게 선포하셨습니다. 그런데 여러분, 이때 그들의 죽어 있던 양심이 살아났습니다.

> 그들이 이 말씀을 듣고 양심에 가책을 느껴 어른으로 시작하여 젊은이까지 하나씩 하나씩 나가고(요 8:9).

그들은 보통 사람이 아니었습니다. 서기관이고 바리새인이었습니다. 한번 뭔가를 정하면 끝까지 가는 사람들이었습니다. 한번 예수를 잡으려고 했으면 끝까지 갔을 사람들입니다. 그런데 갑작스럽게 양심의 가책을 느꼈습니다. 자신들이 얼마나 말도 안 되는 일을 하고 있는지 알게 되었습니다. 멋진 말로 포장하고 모세의 율법을 언급하지만 실상 하나님의 말씀과 전혀 무관할 뿐 아니라 하나님의 마음과도 전혀 무관한 일을 하려고 했다는 것을 깨달았습니다. 여호와가 머무는 성전 안에서 하나님의 말씀을 전하는 한 사람을 음해하려 했고, 그 일에 한 여인의 생명을 도구로 사용하려 했다는 것을 깨달은 것입니다. 어떻게 그렇게 된 것입니까? 세상의 빛이신 예수님이 그들의 어둠을 비췄기 때문입니다.

예수님이 사람의 내면에 빛을 비추시면 죽었던 양심이 살아납니다. 진리의 빛은 어둠 가운데 있으며, 딱딱하게 굳어 있던 양심을 흔들어 깨웁니다. 그리고 회복된 양심으로 새로운 삶을 살게 합니다. 우리의 딱딱하게 굳어진 양심을 흔들어 깨우는, 세상을 향한 진리의 빛이신 예수님을 구하십시오. 양심이 죽어 버린 세상의 기준이 아니라 우리 주님이 비추시는 그 빛에 나의 내면을 돌아보며, 딱딱하게 굳어 있던 양심과 내면이 살아나기를 축원합니다.

변화 2_ 죄에서 자유로워지다

여인 주변에 있던 사람들이 하나둘 떠나갔습니다. 이제 예수님과 여인, 단 둘만 남았습니다. 예수님은 이 여인을 정죄할 수 있는 자격을 가지신 유일한 분입니다. 그런데 그 예수님이 여인을 향해 말씀하십니다.

> 나도 너를 정죄하지 아니하노니 가서 다시는 죄를 범하지 말라 하시니라(요 8:11).

예수님이 여인의 죄를 용서하셨습니다. 또 "다시 죄를 범하지 말라" 하시며 그녀에게 새로운 인생의 기회까지 주십니다. 세상의 빛으로 오신 예수님이 이 여인에게 자신의 빛을 비추셨습니다. 문자 그대로 죄로 인해 죽을 수밖에 없었던 여인, 모세의 율법에 의해 돌에 맞아 죽을 수밖에 없었던, 간음의 현장에서 붙잡혀 온 여인이었습니다. 그런데 그가 정죄가 아닌 자유를 얻게 된 것입니다.

사랑하는 성도 여러분, 예수님은 빛이십니다. 이 빛은 너무나 강력해서, 어둠을 뚫고 죄로 인해 죽을 수밖에 없는 우리에게 찾아오셨습니다. 빛이신 예수님 때문에 우리도 죄에서 해방되어 자유롭게 살 수 있게 되었습니다. 죄를 끊을 수 있습니다. 새로운 삶을 살 수 있습니다. 우리를 거듭나게 하시는 빛, 우리에게 자유를 주시는 빛으로 예수님이 우리에게 오셨기 때문입니다.

현실은 어둡습니다. 예수님을 믿는 것도 쉽지 않습니다. 점점 상황이 어려워질 수도 있습니다. 그러나 주님의 빛은 이 어둠을 뚫고 임하여 우리를 죄에서 자유케 하는 빛입니다. 이 빛이신 예수님을 누리시기 바랍니다. 죄와 사망을 이기며 우리를 용서하시는 이 놀

라운 빛을 만나고 누리십시오. 그래서 죄에서 자유케 되시기를 축
원합니다.

변화 3_ 생명의 빛을 얻다

마지막 세 번째는 '생명의 빛을 얻게 되는 것'입니다. 여인의 사건을
통해 예수님은 자신이 세상의 빛이며, 동시에 생명의 빛 되심을 보
여 주셨습니다.

> 예수께서 또 말씀하여 이르시되 나는 세상의 빛이니 나를 따르는
> 자는 어둠에 다니지 아니하고 생명의 빛을 얻으리라(요 8:12).

예수님의 말과 행동으로 여인을 끌고 온 이들의 죽어 있던 양심
이 살아났습니다. 간음이라는 범죄로 죽을 수밖에 없던 여인은 용
서받고 새로운 기회를 얻었습니다. 죄에서 자유를 얻은 것입니다.
그리고 이제 예수님은 자신을 생명의 빛으로 소개하십니다.

예수님은 세상의 빛이십니다. 이 빛을 만난 이들은 더 이상 어둠
가운데 걸어갈 수 없습니다. 그 결과 그들은 이제 생명의 빛을 소유
한 자가 되는 것입니다. 창조의 빛이 한순간에 어둠과 혼돈을 몰아
낸 것처럼, 인간 안에 있는 어둠을 날려 버리고 생명의 삶을 살게 만
드는 것입니다. 예수님을 만난 이들은 더 이상 어둠 가운데 거하지

않고 빛이신 우리 주님과 영원한 생명을 누리는 삶으로 옮겨지는 것입니다.

여러분, 우리 안에 세상의 빛, 생명의 빛이신 예수님이 있습니까? 만약 그렇다면 우리는 그 빛을 늘 경험하며 살고 있을 것입니다. 그 빛은 우리 양심을 밝히는 빛이고, 우리 죄를 용서하여 자유케 하는 빛이며, 우리가 새로운 삶과 생명으로 살아가게 하는 빛입니다. 그 빛은 우리를 어둠에서 건지고, 옳은 길을 보여 주며, 그 길을 걸을 힘까지 주는 빛입니다. 우리 인생의 성패는 이 빛이신 예수님이 우리 안에 있는지, 우리가 그 빛을 따르는지로 결정됩니다.

세상도 어둡고, 우리도 어둡습니다. 정치, 경제, 사회 전반적으로 어렵고 교회의 현실도 쉽지 않습니다. 그러나 여러분, 그 모든 혼돈과 어둠은 참 빛이 임하면 빛의 속도로 밀려나고 도망치는 것임을 기억하십시오.

사랑하는 여러분, 세상의 빛이며 생명의 빛이신 예수님에게 나아가십시오. 그 빛이 우리에게 비추기를, 우리 가정에 비추기를, 우리 교회와 이 나라, 이 민족 가운데 비추기를 구하십시오. 그 빛이 만드는 기적, 그 빛만이 만들 수 있는 기적의 역사가 넘치길 바랍니다. 양심이 회복되는 역사, 죄에서 자유케 되는 역사, 새로운 생명이 되는 역사가 날마다 우리 삶 가운데 나타나기를 주님의 이름으로 축원합니다.

바디매오

맹인이 외쳐 이르되
다윗의 자손 예수여 나를 불쌍히 여기소서

무리의 꾸짖음을 뒤로한 채

눅 18:35-43

가장 중요한 이름, 예수 그리스도

우리는 지금 예수님의 이야기를 하고 있습니다. 뭔가 새로운 이야
기를 듣고 싶었던 분들은 아쉬울 수도 있습니다. 구약의 신비한 본
문이나 잘 알려져 있지 않은 인물에 관한 이야기라면, 혹은 신앙의
영웅으로 살았던 이의 삶을 고찰하는 내용이라면 더 흥미로울 텐
데, 예수님의 이야기는 익숙하고 잘 알고 있어서 감동이 덜할 수도
있을 것입니다. 그럼에도 저는 예수님의 이야기를 하고 싶습니다.
그 이유는 예수님을 알지 못한다면, 예수님을 내 삶에 모시지 못한
다면, 예수님이 어떤 분인지 모른다면, 예수님이 우리를 어떻게 사
랑하셨는지를 모른다면 우리는 결단코 이 세상에서 성도의 삶을 완

주할 수 없기 때문입니다. 상황이 그렇게 어렵지 않을 때에는 이것 저것 다양하게 새로운 시도를 해 볼 수 있습니다. 그러나 상황이 너무 어려울 때는 이것저것 다양하게 시도하면 안 됩니다. 가장 중요한 것, 가장 핵심인 것, 바로 그것에 집중해야 한단 말입니다. 제가 아는 한 기독교에서 가장 본질적이고 강력하고 중요한 것은 '예수 그리스도'입니다.

지금은 돌아가신 김준곤 목사님이 C.C.C. 선교 단체 청년들과 함께 외쳤던 '100문 1답'이라는 것이 있습니다. 인생에서 중요한 100개의 질문을 던지는데, 그에 대한 답은 하나, '예수 그리스도'였습니다. 여러분, 그리스도인들에게 가장 중요한 것은 예수 그리스도입니다.

본문의 이야기는 단순합니다. 예루살렘으로 올라가려면 반드시 여리고를 통과하는 큰길을 지나야 하는데, 거기에서 맹인 한 명이 구걸하고 있었습니다. 평소와 같지 않은 분위기를 감지한 맹인이 지나가는 이에게 무슨 일이 있느냐고 물었습니다. 지나가던 이가 나사렛 예수께서 방금 이 길을 지나가셨다고 말해 주었습니다. 맹인이 구걸하는 중에 그 앞을 예수님이 지나쳐 가셨다는 것입니다. 맹인은 그 순간 힘을 다해 사람들이 멀어져 가는 쪽을 향해 "다윗의 자손 예수여 나를 불쌍히 여기소서!"라고 소리쳤습니다. 사람들은 그를 꾸짖으며 "조용히 하라"고 했습니다. 하지만 맹인은 더 크게 소리쳤습니다. 이 외침이 예수님의 귀에도 들렸고, 마침내 예수님은 가던 길을 멈추시고 그를 불러 와 그의 눈을 열어 주었습니다.

이것이 본문 이야기의 전부입니다. 이 이야기에는 세 부류의 사람, 즉 맹인과 무리, 예수님이 등장합니다. 저는 본문의 깊은 내용을 살펴보기보다는 이 본문에 등장하는 세 부류의 사람의 마음을 나누고 싶습니다.

부르짖는 맹인

같은 사건을 기록하고 있는 마가복음 10장에 이 맹인의 이름이 나옵니다.

> 그들이 여리고에 이르렀더니 예수께서 제자들과 허다한 무리와 함께 여리고에서 나가실 때에 디매오의 아들인 맹인 거지 바디매오가 길가에 앉았다가(막 10:46).

바디매오는 선천적 시각 장애인이 아니었습니다. 예수님 앞에 서게 되었을 때, 그는 '아나 블레포'라는 말로 "다시 보게 해주십시오"라고 말합니다. 그는 이전에 세상을 볼 수 있던 자였습니다. 그런데 지금은 어떤 병이나 사고로 시력을 잃은 것입니다. '눈을 뜬다'는 것의 의미를 정확하게 아는 사람이었던 것입니다. 그는 시력을 잃어버리고 아무것도 할 수 없게 되었습니다. 그는 눈먼 거지가 되어, 여리고 길가에서 구걸하는 자로 살아갔습니다. 빛과 함께 모든 것을 잃어버린 사람이었습니다. 본문에서 이 바디매오를 가장 잘 설명하는 구절은 38절입니다.

> 맹인이 외쳐 이르되 다윗의 자손 예수여 나를 불쌍히 여기소서 하거늘(눅 18:38).

바디매오의 입장에서 생각해 보아야 합니다. 그날도 평소와 같이 여리고 길가에 앉아 구걸하고 있었습니다. 그날따라 많은 이가 자신의 앞을 지나갔습니다. 평소와 다른 분위기를 느꼈지만 별 생각 없이 평소와 같은 오후를 보내던 중이었습니다. 그러다 지나가는 사람과 부딪혔고 별 기대 없이 물었습니다. "오늘 따라 이 길에 왜 이렇게 사람이 많은 거요?" 부딪힌 사람은 귀찮다는 듯 말했습니다. "방금 나사렛 예수가 지나가셨다오. 우리는 그분을 따르는 제자들이라오."

순간 바디매오는 뒤통수를 한 대 맞은 느낌이었습니다. 소문으로만 듣던 그 예수가 방금 자신의 앞을 지나갔기 때문입니다. 예수에 대한 소문에는 '눈먼 자의 눈을 뜨게 했다'는 내용이 있었습니다. 하나님의 능력으로, 도무지 사람이 할 수 없는 기적을 일으키는 분이라는 내용도 있었습니다. 그런데 그분이 자기 앞을 지나가 버린 겁니다. 기적의 사람이 바로 내 앞을 지나갔는데, 그에게 도와달라는 말 한마디 해 보지 못한 겁니다.

잠깐 망연자실하던 바디매오가 정신을 차렸습니다. 그는 자리에서 일어났습니다. 사람들이 걸어가는 방향을 향해 뛰기 시작했습니다. 오랜만에 폐 가득히 숨을 들이마셨습니다. 그리고 지나가는 사람들 쪽으로 있는 힘껏 외쳤습니다. "다윗의 자손 예수여 나를 불쌍히 여기소서!"

처음에는 목소리가 나오지 않았습니다. 너무 오랜만에, 그리고 너무 갑작스럽게 소리 낸 것이기 때문입니다. 순간 지금 자신이 처한 상황이 다시 생각났습니다. 어쩌면 눈 뜰 수 있는 마지막 기회입니다. 소문 같은 기적이 일어날 수 있습니다. 예수님을 만나기만 하면 비참한 삶이 달라질 수 있습니다. 그는 다시 숨을 크게 들이마셨습니다. 그리고 외쳤습니다. "다윗의 자손 예수여 나를 불쌍히 여기소서!" 스스로도 놀랄 만한 목소리가 터져 나왔습니다. 그분이 지나가셨던 방향을 향해 급하게 손을 더듬어 가며 걸으면서 외쳤습니다. "다윗의 자손 예수여 나를 불쌍히 여기소서!"

지나가던 무리 중 하나가 바디매오를 붙들었습니다. 그러고는 조용히 하라고 했습니다. 예수님은 이미 지나가셨고, 지금 매우 중요한 일을 하시려는 중이기 때문에 너를 만나 줄 여유가 없다고 말합니다. 지금 이렇게 예수님이 가시는 길을 방해하는 것은 매너 없는 행동이라고 합니다. 그러나 바디매오는 그의 손을 뿌리쳤습니다. 바디매오는 그 사람들의 경고를 무시했습니다. 다시 한 번, 목 놓아 외쳤습니다. "다윗의 자손 예수여 나를 불쌍히 여기소서!"

여러분, 이것이 시력을 회복할 수 있는 마지막 기회일지도 모른다는 사실을 알게 된 바디매오의 반응입니다. 자신이 다시 살 수 있는 기회, 다시 사람답게 살 수 있는 기회가 지나가 버리고 있다는 것을 알게 된 인간의 당연한 반응입니다. 저는 바디매오의 행동이 전혀 이상하지 않습니다. 제가 바디매오여도 똑같이 했을 것입니다. 여러분이 만약 바디매오라면 어떻게 하시겠습니까?

앞서가는 무리

두 번째 부류인 무리에 대한 이야기입니다. 그들은 예수님 옆에 있던, 예수님을 따르던 무리입니다. 그들은 예루살렘으로 올라가며 마음이 들떴습니다. 예수님이 예루살렘에 올라가시면 로마의 압제에서 이스라엘을 구원할 이스라엘의 왕이 될 것이라 생각했기 때문입니다. 그렇게 왕이 되시면 이제껏 예수님을 따르던 자신들에게 뭐라도 떨어질 것이기 때문입니다. 그때 길가에서 구걸하는 맹인이 물었습니다. "지금 도대체 무슨 일 때문에 이렇게 소란스러운 건가요?" 이 물음에 건성으로 대답했습니다. "방금 자네 앞으로 예수님이 지나가셨다네." 그 대답을 들은 맹인의 표정이 순간 어두워졌습니다. 그러더니 갑자기 자리에서 일어났습니다. 예수님이 지나가신 방향을 향해 급한 걸음으로 움직였습니다. 그리고 자기를 좀 봐 달라고 소리 질렀습니다. 그때 그 무리의 반응입니다.

앞서가는 자들이 그를 꾸짖어 잠잠하라 하되(눅 18:39).

무리는 그 맹인을 막았고, 그 맹인의 외치는 것을 꾸짖었습니다. 예수님은 지금 대단히 중요한 일을 하셔야 하기 때문입니다. 예수님은 예루살렘으로 올라가 왕이 되셔야 할 분입니다. 여기서 이런 맹인 거지에게 붙들려서 시간을 허비해야 하는 분이 아니란 말입니다. 무리는 소리 지르는 맹인을 붙들고 "그 입을 다물라"고 위협했습니다.

누가는 일부러 '바디매오를 꾸짖은 무리'를 '앞서가는 자들'이라 부르고 있습니다. 이것은 위치상 맹인의 앞쪽에 있었다는 의미이기도 하지만 누가가 자주 사용하는 '다중적 표현'을 생각하면 '예수님과 더 친하다고 생각했던 사람들', 다시 말해 '예수님의 측근'으로 해석할 수 있습니다. 이들은 과연 무슨 생각으로 바디매오를 꾸짖었던 것일까요?

누가복음 5장에는 예수님이 지붕에 구멍을 내어 내린 중풍 병자를 치료하신 사건이 나옵니다. 그곳에 이런 표현이 있습니다.

무리 때문에 메고 들어갈 길을 얻지 못한지라(눅 5:19).

거동하지 못하는 중풍 병자의 친구들은 그 병자를 예수님에게 데려가려 했습니다. 그런데 이미 예수님을 둘러싼 무리 때문에 중풍 병자를 예수님 앞에 데려갈 수 없었습니다. 무리가 그들이 예수님에게 나아가는 것을 방해한 것입니다. 무리가 '병자가 실린 들것'과 예수님 사이를 막는 벽이 된 것입니다.

미국의 유명한 설교자 A.W. 토저는 이 본문으로 설교하면서 이 무리를 "지붕 증후군에 걸린 사람들"이라고 불렀습니다. 말 그대로 지붕을 몹시 중요하게 생각하는 사람들이었다는 것입니다. 예수님의 능력과 일하심, 병자가 치유되고, 인생이 변화되는 것보다 지붕의 안전이 더 중요한 사람들이라는 것입니다. 그런 사람들에게 지붕을 뚫고 내려오는 병자와 그 병자를 달아 내리는 친구들은 참을 수 없을 만큼 무례한 사람들인 것입니다. 그들은 자신들의 방법과 규칙을 따르지 않은 자들은 예수님에게 나아와서 구원을 얻으면 안 된다고 생각하는 사람들이었습니다. 그래서 이 들것의 접근 자체를 막았던 것이지요. 예수님의 역사나 치유보다 '지붕을 더 소중히 여기는 사람들', 바로 소리 지르는 바디매오를 책망했던 무리입니다.

여러분, '지붕 증후군'에 걸린 무리에게 이 맹인은 예수님이 굳이 만나야 할 사람이 아니었습니다. 그는 맹인이고 거지입니다. 절차도 잘못되었습니다. 부탁하려면 왕이 오시는 길에 미리 나와 기다리고 있다가 왕이 지나가실 때 해야 합니다. 그런데 지금 이 맹인은 한참이나 지나쳐 가신 왕을 멈춰 세우려 하는 것입니다. 왕의 진행을 방해하는 한없이 무례한 자인 것입니다.

오늘날에도 이 '앞서가는 무리' 중에 '지붕 증후군'에 걸린 사람들이 있습니다. 그들은 앞서 예수님을 믿게 되었습니다. 그리고 그 경험을 토대로 어떤 규칙을 만들어 냅니다. 그 후 그 규칙을 어기는 사람들을 예수님에게 나오지 못하게 합니다. 세상과 예수님 사이에 자신들이 만든 규칙이라는 벽을 쌓는 것이지요. "내가 아는 예수님에게 나오려면 너희는 이런저런 규칙을 지켜야 한다"고 말하는 것입니다. 자신이 만든 규칙을 지키는 사람만 진짜로 인정하는 것입니다.

이미 신앙을 가지고 있는 우리, 앞에 선 자인 우리에게 가장 중요한 존재 목적은 무엇입니까? 물론 진리를 사수하고, 이단도 막고, 교회 질서도 지켜야 합니다. 그런데 여러분, 하나님이 우리를 이렇게 먼저 믿음으로 불러 주신 가장 큰 이유는 '모든' 사람이 주님 앞에 나올 수 있도록 주님을 소개하고, 주님을 들려주고, 주님을 이야기하고, 주님을 노래하고, 주님을 나누기 위함입니다. 성도의 인생목적은 아직 예수님을 모르는 이들에게 우리가 먼저 만난 예수님을 소개하고 들려주는 것입니다. 세상과 예수님 사이에 '담이 아니라 다리가 되는 것'이 우리의 사명입니다.

여러분, 만약 우리 교회에서 하는 어떤 일이 그리스도 예수를 증거 하는 것과 아무런 상관이 없다면 어떻게 해야 할까요? 그게 아무리 멋있어 보여도 "필요 없는" 것입니다. 그리스도 예수께 나아오는 길을 지붕처럼 막는 것이 있다면, 중풍 병자의 친구들이 그랬던 것처럼 그 지붕을 부숴 버려야 합니다. 지붕은 인간을 위해 있어야 합니다. 지붕 때문에 사람을 구할 수 없다면, 그 지붕에 구멍 내는 것이 주님의 뜻입니다. 그것이 '앞서 예수님을 따르는 자'가 '예수님을 따르려는 이들'을 위해 할 수 있는 최선의 행동입니다.

더욱 크게 소리 지르는 맹인

'지붕 증후군'에 걸린 사람들이 예수님과 바디매오 사이에 있었습니다. 그들은 바디매오의 입을 막았습니다. 너는 예수님에게 짐만 되고, 그분의 나라에 도움되지 않으니 포기하라고 했습니다. 바디매오는 선택해야 했습니다. 더 외칠지, 멈출지를 말입니다. 만약 바디매오가 '세련된 성도'가 되는 것에 만족하는 사람이었다면, 그는 입을 다물었을 것입니다. "예수님은 이미 지나가셨고, 그분은 지금 다른 중요한 일을 하셔야 하니, 넌 다음 기회에 만나라"는 '앞서가는 자들'의 조언에 수긍하는 것입니다. 그래야 깔끔하고 세련된 그리스도인이지요. 그러나 바디매오는 그것을 선택하지 않습니다.

> 앞서가는 자들이 그를 꾸짖어 잠잠하라 하되 그가 더욱 크게 소리 질러 다윗의 자손이여 나를 불쌍히 여기소서 하는지라(눅 18:39).

바디매오의 선택은 '더욱 크게 소리를 지르는 것'이었습니다. 그는 무리의 위협에 굴복하지 않았습니다. 그는 '세련된 그리스도인'이 되고 싶은 게 아니라 '눈을 뜨고 싶었기 때문'입니다. 정상적인 시력을 가진 사람에게 다른 사람의 시력이 회복되는 것은 신기한 일이기는 하지만 중요한 일이 아닙니다.

우리는 솔직해져야 합니다. 우리는 다른 사람에게 일어나는 기적에 별 관심이 없습니다. 바로 내 옆에서 기도하던 여자가 기도 중에 몸 안에 있던 암 덩어리가 쏟아져 나왔습니다. 쏟아져 나온 암 덩어리를 내 눈으로 봤습니다. 기적이 일어난 겁니다. 그런데 그게 어쨌다는 겁니까? 물론 신기합니다. 그러나 내게는 별 의미 없습니다. 내 삶에 일어난 일이 아니기 때문입니다. 다른 사람에게 어떤 일이 일어났는가, 그렇지 않은가는 결코 나에게 중요하지 않습니다. 중요한 건 '나'입니다. 내 눈이 지금 보이지 않는데, 이 눈이 열리는가, 열리지 않는가가 중요하단 말입니다.

주님의 일하심을 보기 원하는 성도 여러분, 지금 답답하고 막막하고 힘들고 어려운 일이 있는 성도 여러분, 오늘 내 시력이 사라진 것 같고, 오늘 내 삶이 망가진 것 같고, 오늘 내 현실이 몹시 힘든 성도 여러분, 오늘이라는 이 시간에 예수님이 제발 고개를 돌려 나를 보시고, 내게 다가오시고, 나를 이 고통의 문제에서 건져 주시기를 부르짖어 구하시기 바랍니다.

어떤 이들은 '다음 기회'를 말합니다. "오늘만 날이냐!"고 말합니다. "이번 특새만 특새냐? 내년도 올해처럼 다 있을 거 아냐? 네가 이번 주에 예수님을 만나지 않아도 넌 젊고, 시간이 많아, 앞으로도 많은 주일을 통해서 말씀을 들을 테고, 전교인 수련회도 있고, 부흥회도 있으니까 그때 은혜받으면 되지 뭐. 그러니 천천히 여유를 가지고 생각해!"라고 말입니다.

여러분, 이건 거짓말입니다. 우리에게 시간은 '오늘'밖에 없습니다. 과거는 되돌릴 수 없고, 미래는 예측할 수 없습니다. 그나마 선택할 수 있는 시간은 '지금'뿐입니다. 예수님은 공생애 동안 여리고 성에 몇 차례 가셨습니다. 예수님이 다음에 또 여리고에 오실 거라면 그때 예수님을 만나면 된다고 말할 수 있습니다. 그러나 이날이 예수님이 마지막으로 여리고 땅을 밟으셨던 날입니다. 예수님은 그 후에 여리고를 지나신 적이 없습니다. 바디매오에게 다음 기회란 없었던 것입니다. 그래서 선지자 이사야는 우리를 향해 이렇게 도전했습니다.

> 너희는 여호와를 만날 만한 때에 찾으라 가까이 계실 때에 그를 부르라(사 55:6).

예수님을 만날 만한 때가 있고, 예수님이 가까이 계실 때가 있습니다. 그때 찾아야 하고 그때 불러야 합니다. 지금 특별히 내 삶에 주님의 도움이 필요한 성도 여러분, 지금 그 입을 크게 열어, "주여 나를 불쌍히 여겨 주시옵소서"라고 소리 지르십시오. "이제 좀 자제하라"고 할 만큼 입을 열어 주님을 향해 구하십시오. 그것이 만약 정말 절실한 것이라면 말입니다. 그것이 정말 가치 있는 것이라면 말입니다. 정말 소중해서 얻고 싶은 것이라면 말입니다.

예수님의 찾아오심

이제 마지막, 주인공이신 예수님을 보겠습니다. 예수님이 바디매오의 절규를 들으셨습니다. 따르는 자들은 그 맹인의 외침을 무시하라고 했지만 예수님은 이 바디매오의 비명 같은 외침이 너무나 선명하게 들렸습니다. "다윗의 자손 예수여 나를 불쌍히 여기소서!" 사람들의 "조용히 하라"는 위협 앞에 그는 더 간절하고 절실하게 예수님을 찾았습니다.

사실 이 부르짖음은 한없이 슬픈 부르짖음입니다. 바디매오는 예수님의 능력을 믿었습니다. 그분은 치료할 능력을 가진 분입니다. 그러나 바디매오가 확신할 수 없는 것이 있었습니다. '예수님이 나 같은 인생을 위해 발걸음을 멈추실까'에 대한 것입니다. 아무 짝에도 쓸모없는 나 같은 인생을 위해 예수님이 그 중요한 걸음을 멈추실지를 확신할 수 없었던 것입니다. 그리고 생각해 보니 내가 예수님이어도 맹인 거지인 나를 위해 발걸음을 멈추실 이유는 없어 보입니다. 바디매오의 외침은 점점 통곡으로 변해 갔습니다.

예수님은 지금 공생애의 마지막 일주일을 준비하시는 중입니다. 이제 예루살렘에 올라가시면 그분은 고난받고 십자가에 달려 죽게 되십니다. 아담 이후에 모든 인간을 고통스럽게 했던 죄의 문제, 그 죄로 인한 사망의 문제를 해결하기 위해 그분의 모든 것을 쏟아 부어야 하는 시간이 다가오는 것입니다. 해야 할 일, 정리할 일이 너무도 많았습니다. 그런데 예수님이 그 바디매오의 절규를 들으시고 발걸음을 멈추셨습니다. 그리고 친히 바디매오를 만나셨습니다. 바디매오에게 물으셨습니다.

네게 무엇을 하여 주기를 원하느냐 이르되 주여 보기를 원하나이다 예수께서 그에게 이르시되 보라 네 믿음이 너를 구원하였느니라 하시매 곧 보게 되어 하나님께 영광을 돌리며 예수를 따르니 백성이 다 이를 보고 하나님을 찬양하니라(눅 18:41-43).

저는 이 구절에서 울었습니다. 예수님이 절망 가운데 부르짖는 바디매오에게 찾아와 주셨기 때문입니다. 주님이 이 바디매오에게 말을 걸어 주셨기 때문입니다. 그리고 바디매오의 간절한 소망, 다시 보고 싶다는 그 소원을 들어주셨기 때문입니다. "보라 네 믿음이 너를 구원하였느니라." 예수님이 바디매오의 눈을 열어 주셨습니다. 그는 눈을 뜨게 되었고 삶이 회복되었습니다. 그리고 예수님을 따르는 이들 가운데 하나가 되어, 결국에는 영원한 생명까지 얻게 되었습니다. 우리 예수님은 부르짖는 자의 부르짖음을 들으시는 분이기 때문입니다.

이 분이 바로 우리 주님입니다. 우리의 부르짖음을 들으시고 우리 가운데 오시는 분입니다. 절대로 우리를 무시하지 않으시는 분입니다. 불쌍히 여겨 달라는 간청을 들으시고 불쌍히 여겨 주시는 분입니다. 오늘 우리 가운데 오셔서 우리를 구원하기를 먼저 원하시는 분입니다. 그분은 제가 사랑하는, 그리고 제가 여러분에게 소개하고 싶은 예수님입니다. 오늘 이 주님에게 부르짖음으로, 이 주님의 찾아오심으로 우리 삶 가운데 행하시는 기적을 경험하시기를 축원합니다.

혈루증을 앓는 여인

예수의 소문을 듣고 무리 가운데 끼어
뒤로 와서 그의 옷에 손을 대니

12년간의 비참함 속에서

막 5:24-34

딸아, 평안히 가라

지금부터 10년 전, 어느 날 아침 6시 54분에 한 청년이 저에게 이런 문자 한 통을 보내 왔습니다. "목사님, 어제 저는 치료자이신 예수 님을 경험했어요. 엄마에게 저도 몰랐던 상처가 있었는데, 제가 은 혜받은 것을 나누는 가운데 하나님이 말씀으로 엄마의 상처를 치료 하셨어요. 놀라우신 하나님의 은혜예요. 계속 이렇게 하나님을 알 아 가고 싶은데 제가 얼마나 나약한지 아니까 두려움이 앞서네요. 기도해 주세요. 정말 말로만 듣던 치료의 하나님을 경험하고 나니 까 앞으로 하나님이 어떻게 저를 만지실지 기대가 돼요. 목사님도 주님 안에 거하는 하루 되세요."

이번 본문은 제게 너무도 특별한 말씀입니다. 20년이 넘도록 설교하다 보면 기억에 남는 설교가 많습니다. 특별히 성도들이 큰 은혜를 받았다고 말하는 설교 본문들이 그렇습니다. 하지만 단지 은혜를 많이 받았다는 것 때문에 이 본문이 특별한 것은 아닙니다. 이 본문이 특별한 이유는 이 본문을 가지고 말씀을 전할 때, 하나님이 실제로 이 말씀을 듣는 성도들을 치료하시는 기적을 보여 주셨기 때문입니다.

이 본문은 12년간 혈루증으로 고통당하던 한 여인이 예수님의 옷자락에 손을 대어 치료받은 이야기입니다. 짧게라도 교회를 다녀 보신 분들은 한 번쯤 들어 보셨을 이야기입니다. 언제인가 제가 이 말씀을 전하고 난 후 얼마 지나지 않아 한 자매가 찾아와서, 자신에게 그 혈루증이 있었는데 기적적으로 나았다는 간증을 해주었습니다. 그 자매는 설교를 듣는 중에 자신의 병이 치료되었다는 것을 느꼈다고 말했습니다. 병원에 가서 의사를 만났는데, 지난번 검사에서는 수술이 필요한 자궁 근종이었는데, 현재는 놀라울 정도로 크기가 줄어서 수술하지 않아도 될 것 같다는 이야기를 들었다는 것입니다. 그 후로도 저는 이 말씀을 전할 기회가 몇 차례 있었는데, 그때마다 비슷한 고백을 들을 수 있었습니다.

앞서 제게 메시지를 보내 온 청년은 초신자였습니다. 치료자이신 예수님을 만나고 나니까 가만히 있을 수 없어 엄마에게 이 말씀을 전했다고 합니다. 이 말씀을 듣던 어머니에게도 치유의 역사가 일어난 것입니다. 이 청년은 원래 우울증으로 학교를 포기하려고 했는데, 이 설교를 듣고 다시 공부할 힘을 얻었다고 했습니다. 그리고 적극적으로 하나님이 기뻐하시는 길을 걷기 시작한 것이지요. 저는 단지 치료하시는 예수님 이야기를 들려주었을 뿐입니다. 그런데 이 청년은 회복되고 가정 가운데 기적이 임한 것입니다. 이렇게 될 수 있었던 이유는 무엇일까요? 말씀 속에서 예수님을 만났기 때문입니다. 그래서 모든 게 달라진 것입니다.

여인의 나아옴

사건을 간략하게 정리해 보겠습니다. 우선 혈루증을 앓는 여인의 사건 앞 문맥을 보면, 회당장 야이로의 열두 살 난 딸이 죽어 가는 긴급한 상황이 나옵니다. 예수님은 그 아이를 치료하러 가시는 중이었습니다.

25절과 26절은 이 여인의 상태가 어떠했는지에 대한 세부적인 묘사입니다.

> 열두 해를 혈루증으로 앓아 온 한 여자가 있어 많은 의사에게 많은 괴로움을 받았고 가진 것도 다 허비하였으되 아무 효험이 없고 도리어 더 중하여졌던 차에(막 5:25, 26).

여기에는 '12'라는 숫자가 나오고, '혈루증'이라는 병명이 나옵니다. 이 사건은 그 여인이 "많은 의사에게 많은 괴로움을 받았고", 가진 재산을 "다 허비하였"고, 아무 효험 없이 "도리어 더 중하여졌던 차"에 일어난 일입니다. 이렇게만 보아도 이 여인은 정말 비참한 여인입니다.

이 여인은 혈루증 환자입니다. 혈루증은 다양한 원인으로 만성적이면서도 불규칙적으로 하혈하는 병입니다. 끊임없이 불규칙적으로 하혈한다는 것은 의학적으로 이 여인이 '심한 빈혈'이 있고 '불임'인 상태라는 의미입니다. 대부분의 경우 이런 종류의 병이 생리와 함께 시작된다고 하니 이 여인은 자신의 꽃다운 날들, 사춘기 시절, 가장 아름다울 나이에 이 병을 짊어지게 된 것입니다. 이 여인은 병을 치료하고 싶어서 전국 각지에 능력 있다는 의원들을 찾아가 다양한 처방을 받았습니다. 어떻게든 이 병에서 벗어나 여인으로서 행복한 삶을 살고 싶었기에 부끄러워도, 힘겨워도 자신을 의원들에게 맡겼지만, 경제적 손실만 입고 더욱 비참한 결과만 얻었습니다. 그는 모든 것을 탕진했고, 병은 더 중해졌습니다. 12년의 시간 동안 이 여인의 몸과 마음은 망가질 대로 망가졌습니다.

또 이 여인에게는 우리가 알 수 없는 '비참함'이 있었습니다. 그는 유대인이었습니다. 유대인들은 '하혈하는 여자'를 종교적으로 부정한 여인으로 취급하고 격리했습니다. 유대인들은 부정한 자와 접촉하면 자신도 부정하게 된다고 생각했습니다. 그래서 모든 부정한 자를 마을 밖으로 쫓아냈습니다. 또 부정한 자가 마을에 들어오려고 하면 가차 없이 돌을 던졌습니다. 왜 그렇게 했을까요? 하나님에게 저주받아 부정한 병을 얻은 자들로 인해 자기나 자기 사업이 부정해지면 안 되기 때문입니다. 그래서 혈루증을 앓던 이 여인은 유대 사회 전체에서 버림받고 쫓겨날 수밖에 없었습니다. 몸만 아픈 게 아니었습니다. 사회적 생명도, 심지어 하나님을 예배할 수 있는 영적 생명도 끊어진 인생이 바로 이 여인이었습니다. 이 여인은 아무런 소망 없는 비참한 여인이었던 것이지요.

그렇듯 소망 없는 삶을 이어 가던 한 날, 여인은 예수님이라는 분이 자신이 사는 동네를 지나간다는 소문을 들었습니다. 그분은 다른 곳에서 이미 많은 불치의 환자를 치료하신 적이 있습니다. 여인은 그 말을 듣고 갑자기 예수님을 만나 보고 싶어졌습니다. 예수님을 만나려면 사람들이 모여 있는 곳으로 가야 했습니다. 그녀는 다른 이들이 자신을 알아보지 못하게 머리까지 겉옷을 뒤집어쓰고 예수님이 지나신다는 길목 그늘 아래 숨어 그분을 기다렸습니다.

길 저쪽에서 예수님과 그분을 따르는 사람들이 나타났습니다. 그분이 어디론가 급하게 움직이시는 것 같았습니다. 동네의 유지이며 유대교의 중심인 회당장 야이로가 앞장서 행렬을 인도하고 있었습니다. 수많은 사람이 예수님의 앞과 뒤, 옆에서 예수님과 함께 걸어오고 있었습니다. 먼지를 일으키며 다가오는 대열과 그 대열 앞에 서 있는 회당장의 얼굴을 본 순간 여인은 겁에 질렸습니다. 자신이 누구인지 정확하게 알고 있는 사람이기 때문입니다. 거기에 있는 사람들이 자신의 정체를 알게 되면 어떤 일이 일어날지 너무도 뻔했습니다. 회당장은 여인을 향해 "저자는 부정한 여인이며 혈루증을 앓는 여인이다"라고 외칠 것입니다. 그럼 사람들은 분노할 것입니다. 그리고 그 분노에서 나오는 욕설을 퍼부을 것입니다. 심하면 돌을 던질지도 모릅니다. 이미 그런 일이 몇 번 있었습니다. 사람이 몹시 그리워 사람들 속에 들어가 잠깐만이라도 '나도 사람이라' 생각하고 싶었습니다. 그래서 사람들에게 다가갔는데 그때마다 '내가 사람이 아님'을 확인케 하는 돌팔매질을 당했습니다.

지난 12년 동안 이력이 났지만 결코 익숙해질 수 없는 슬픔이었습니다. 여인은 망설였습니다. 맹인도 소리쳤다 하고, 문둥병자도 예수님을 향해 도와달라 외쳤다지만, 여인의 입술은 좀체 떨어지지 않았습니다. 나무 그늘 아래서 다가오는 예수님과 그 대열을 보며 그냥 지나쳐 보내야 할지, 아니면 붙잡아야 할지 모른 채 발만 동동 굴렀습니다. 그때 문득 생각난 말이 있었습니다. '신령한 사람의 소지품만 만져도 병이 나을 수 있다'는 오래된 이야기였습니다.

여인은 예수님이 어떤 분인지 잘 모릅니다. 믿음이요? 이걸 믿음이라고 말한다면, 그건 아마도 우주에서 가장 작은 믿음일 것입니다. 여인은 예수님의 설교를 들어 본 적도 없습니다. 그저 그가 아는 것은 예수님이 불치병에 걸린 이들을 치료해 주신 적이 있다는 소문뿐입니다. 여인의 믿음은 기복적인 믿음이고, 유치한 믿음이고, 미신적인 믿음입니다. 그러나 아무튼 그에게는 '그 믿음'이 있었습니다. 여인은 예수님을 그냥 보낼 수 없었습니다. 둘러쓴 겉옷으로 얼굴을 가리고, 허리를 더 숙였습니다. 그리고 결코 해서는 안 되는 행동을 감행했습니다. 사람들을 밀치며 안으로 들어가기 시작한 것입니다. 이 사람 저 사람에게 밀쳐졌습니다. 오랜 투병 생활로 약해질 대로 약해진 체력은 여인이 앞으로 나가는 것을 어렵게 했습니다. 포기하고 싶었습니다. 그러나 포기할 수 없었습니다. 여기까지 들어온 이상, 이제는 앞으로 나가는 길밖에 없었습니다. 힘겹게 또 한 사람 또 한 사람을 밀치고 앞으로 나갔을 때, 예수님이 바로 자신의 앞을 지나고 계셨습니다. 손을 내밀어 그분의 옷자락, 길게 늘어뜨린 소매 끝에 달린 술을 만졌습니다.

그 순간이었습니다. 여인은 자신의 몸속에서 어떤 일이 일어났는지 대번에 알 수 있었습니다. 끊임없이 고통스러웠던 아랫배의 짓눌림과 아픔이 사라진 것입니다. 여인은 12년 동안 삶의 일부였던 그 진통, 자신의 삶을 온통 망가뜨려 놓았던 통증이 사라짐을 느꼈습니다. 몹시 놀란 여인은 그 자리에서 아무것도 할 수 없었습니다. 대열은 계속해서 전진하는데 여인은 꼼짝할 수 없었습니다. 어찌해야 할지 몰랐습니다. 그저 그렇게 멈춰서 대열이 자신에게서 멀어지기를 기다리고 있었습니다.

예수님의 멈춰 서심

예수님의 대열이 여인을 지나쳐 가려 할 때였습니다. 선두에 계셨던 예수님이 갑자기 걸음을 멈추셨습니다. 그러고는 돌아서셨습니다. 급하게 야이로의 집을 향해 가던 제자들과 무리는 당황했고, 이 갑작스러운 예수님의 행동에 의아해했습니다. 뒤에 있던 사람들이 꽁지발을 들고 왜 이 대열이 멈췄는지 확인하려 했습니다. 갑자기 소란스러워졌습니다. 앞장서 자신의 집으로 예수님을 인도하던 야이로가 상기된 얼굴로 예수님에게 다가와 항의합니다. 지금 그의 '어린 딸'이 죽어 가고 있기 때문입니다. 그때 예수님이 큰 소리로 무리를 향해 외치셨습니다. "누가 내 옷에 손을 대었느냐?"

제자들이 예수님에게 어이없다는 듯 반문했습니다. "예수님, 무리가 에워싸 미는 것을 보시면서 어떻게 '누가 내 옷에 손을 대었느냐'라고 물으십니까?" 사람들이 여기저기서 고개를 끄덕였습니다. 그러나 예수님은 제자들의 말에 대꾸조차 하지 않으시고 대열을 막아서서, 자신의 옷에 손을 댄 자가 나올 때까지 기다리겠다는 표정으로 사람들의 얼굴을 하나하나 둘러보셨습니다.

32절은 "예수께서 이 일 행한 여자를 보려고 둘러보시니"라고 말합니다. 예수님은 누가 자신을 만졌는지를 이미 알고 계셨던 것입니다. 그런데 당장 그 여자를 지목하지 않으시고, 여자로 하여금 지금 "스스로 나오라"고 명령하시는 것입니다. 도대체 우리 예수님이 왜 이러시는 것일까요? 모든 것을 아시는 예수님이 방금 치료받은 여자의 상황과 마음도 아실 텐데 우리 주님은 도대체 왜 이러시는 것일까요? 이 여자가 사람들 앞에서 자신의 얼굴을 드러내고 나오는 것이 얼마나 부끄럽고, 두렵고, 위험한 일인지 다 아실 텐데 말입니다. 우리 주님이 왜 이 여자를 향해 사람들 앞으로 나오라고 하시는 걸까요?

허락도 안 했는데 자신을 만진 것이 기분 나쁘셨던 것일까요? 치료받았으니 적절한 보상, 적어도 '감사하다는 인사는 해야 할 것 아니냐'는 교훈을 주시기 위해서일까요? 예수님은 너무도 강경하게 그 자리에서 움직이지 않으셨습니다. 죽어 가는 딸 때문에 마음이 조급해진 야이로의 강권에도, 제자들의 질문에도, 사람들의 동요에도, 예수님은 전혀 움직이지 않으십니다. 예수님은 산처럼 버티시며, 이 불쌍한 여인을 향해 '앞으로 나오라'고 강요하고 계신 것입니다. 도대체 우리 예수님은 왜 이러시는 걸까요?

제자들의 생각

제자들은 예수님의 이해할 수 없는 이 돌발 행동 때문에 화가 났습니다. 지금 야이로의 딸이 죽어 가고 있단 말입니다. 지금은 이렇게 멈춰 서서 "누가 날 만졌느냐?"와 같은 질문 따위를 할 때가 아니란 말입니다. 예수님이 빨리 가서서 '야이로의 딸'을 고쳐 주셔야 한다는 것입니다.

야이로는 유력한 종교 지도자입니다. 이것은 하나님이 주신 기회입니다. 예수님이 회당장의 딸을 고쳐 낸다면, 그것도 이 많은 사람 앞에서 일으켜 세운다면, 이제까지의 위기를 한 방에 날릴 수 있을 뿐 아니라 많은 추종자를 만들 수 있을 것입니다. 그 계산이 되는 제자들은 흥분했고, 즐거웠고, 급했습니다. 예수님이 그 여자 아이를 만나기만 하면, 그래서 손만 대시면 아이가 일어날 것을 아는 까닭입니다.

그런데 지금 예수님이 말도 안 되는 이유로 길 위에 멈춰 서서 시간을 낭비하고 계신 것입니다. 잠깐 찾다가 그 사람이 나오지 않으면 그냥 돌이켜 앞으로 가실 줄 알았습니다. 그런데 이분, 요지부동입니다. 자신을 만진 자를 찾기까지는 결코 움직이지 않겠다는 고집불통의 표정입니다. "주님, 말도 안 되는 소리 마시고, 빨리 야이로의 집에 가셔야 합니다"라고 말했습니다. 그러나 예수님은 그 말을 무시하고, 길 한복판에서 무리를 막아 서 계신 것입니다. 무리가 웅성거리다가 예수님을 향해 "빨리 갑시다! 애 죽어요!"라고 소리쳤습니다. 그러나 예수님은 요지부동입니다.

여인의 독백

처음에는 대열이 멈춘 것을 몰랐습니다. 웅성거리는 소리가 나서 정신을 차렸더니, 이미 지나가야 했을 대열이 움직이지 않았고, 저는 여전히 그 무리 속에 있었습니다. 앞장서 걸으시던 예수님이 멈춰 서신 것입니다. 그분은 지금 돌아서서 길을 막고 서 계셨습니다. 그때 그분의 입에서 제 심장을 멈추게 할 만큼 무서운 말이 나왔습니다. "누가 내 옷에 손을 대었느냐?" 저는 무심결에 뒤를 돌아봤습니다. 설마 저일 거라는 생각은 못했습니다. 시간이 조금 지났습니다. 사람들 가운데 그분을 만졌다는 사람은 나오지 않았고, 예수님은 마치 손댄 사람이 나오기 전까지는 움직이지 않겠다는 표정으로 무리를 둘러보고 계셨습니다.

예수님과 시선이 마주쳤습니다. 모든 것을 아시는 듯한 그분의 깊은 눈을 마주한 순간, 저는 그분이 지금 누구를 찾고 있는지, 그분이 누구를 부르고 계시는지 알 수 있었습니다. 바로 저였습니다. 혈루증을 앓는 부정한 여자인 저를 향해 지금 나오라 말씀하신 것입니다. 저는 고개를 숙였습니다. 몸이 사시나무 떨리듯 떨려 왔습니다. 원래 저는 이 자리에 있으면 안 되는 사람입니다. 만약 제 겉옷이 내려지고 제 얼굴이 드러난다면, 만약 이 수많은 사람이 모인 길 한복판에 있는 제가 혈루증을 앓는 여자라는 사실이 밝혀지면 사람들은 저를 가만두지 않을 것입니다. 마지막 호흡을 몰아쉬며 죽어 가는 열두 살짜리 딸을 위해 예수님과 무리를 모셔 가던 저 회당장 야이로가 저에게 돌을 던질 것입니다. 사람들은 저에게 침을 뱉고, 돌팔매질할 것입니다. 저는 고개를 땅에 박고, 속으로 반복해서 기도했습니다. "예수님, 그냥 절 봐 주세요. 예수님, 절 찾지 마세요. 예수님, 그냥 돌아서세요. 예수님, 어서 회당장의 딸을 고치러 가세요. 제발요!"

그러나 예수님은 움직이지 않으셨습니다. 사람들이 계속 소리쳤지만, 죽어 가는 딸의 아버지가 애걸했지만 주님은 그 자리에 서서 호령보다 무서운 침묵으로 저를 향해 "나오라!" 하셨습니다. 두려움에 눈물이 흘러내렸습니다. 두려움에 다리가 후들거렸습니다. 그러나 제가 나가지 않는 한 주님은 절대 움직이지 않으실 거라는 것을 알았습니다. 한 발 내딛어 주님을 향해 나아갔습니다. 겉옷이 머리에서 미끄러져 내려갔습니다. 누군가가 입을 가리고 비명을 질렀습니다. "부정하다! 부정하다! 저자는 혈루증을 앓는 여인이다." 주변 사람들이 순식간에 뒤로 물러섰습니다. 사람들이 놀라움과 분노에 일그러진 얼굴로 저를 내려다 봤습니다. 저는 예수님 앞에 엎드렸습니다.

"예수님, 저는 12년간 혈루증을 앓아 온 부정한 여자입니다. 저는 망가질 대로 망가져 버렸습니다. 제게는 아무 소망이 없었습니다. 예전에 저는 예수님에 대한 소문을 들었습니다. 그래서 이 무리 가운데 숨어 들어와 예수님의 옷자락을 만졌습니다. 그렇습니다. 예수님, 당신의 옷자락을 만진 사람은 바로 저입니다." 아무것도 들리지 않았습니다. 시간이 멈춰 버린 것 같았습니다.

딸을 향한 예수님의 마음

이 여인의 이야기는 서러운 울음으로 끝났습니다. 여인은 울고, 주변 사람들은 분노하고, 회당장은 붉게 충혈된 눈으로 고개 숙여 우는 여인의 등을 노려보고 있습니다. 모두 예수님이 어떤 말씀을 하실지 기다리고 있었습니다. 그때 예수님이 입을 여셨습니다.

예수께서 이르시되 딸아 네 믿음이 너를 구원하였으니 평안히 가라 네 병에서 놓여 건강할지어다(막 5:34).

예수님이 여인에게 하신 말씀의 의미가 무엇인지 한 구절 한 구절 살펴보겠습니다.

(1) "딸아!"(뒤가테르, θυγάτηρ)

여러분, 이 호칭은 아버지가 딸을 사랑스럽게 부를 때 사용하는 특별한 호칭입니다. 이 표현은 제가 딸을 부를 때 사용하는, 한없는 사랑을 담고 있는 표현입니다. 이 여인이 어릴 적, 아직 이 독한 병이 발병하기 전, 마을 밖으로 쫓겨나기 전, 그때 그의 아버지는 그를 "뒤가테르"로 불렀습니다. 그러나 발병하고 끊임없이 하혈하고 여러 치료를 하느라 가산을 모두 탕진하게 된 지금, 이 여인 옆에는 "뒤가테르"라고 불러 주는 아버지가 없습니다. 지난 수년 동안 누구도 이 여인을 향해 "뒤가테르"로 불러 주지 않았습니다. 그런데 두려움에 떨며 엎드려 있는 그를 향해 누군가가 "뒤가테르"라는, 서럽도록 그리운 호칭을 사용해 부르고 있는 것입니다.

엎드려서 떨고 있던 여인은 자신도 모르게 고개를 들었습니다. 그리고 방금 자신을 향해 "뒤가테르"라고 부르신 그분의 얼굴을 정면으로 쳐다봤습니다. 그곳에는 부정한 자신을 향해 정죄하는 눈이 아니라 '그럼에도 불구하고의 사랑으로' 자신을 바라보는 분이 계셨습니다. 지옥 같던 12년간의 고통과 아픔과 상함, 눈물과 원망과 설움과 외로움을 모두 아는 것 같은 '슬픔의 사람'이 거기에 계셨습니다. 흐느낌이 멈췄습니다. 두려움으로 떨리던 몸의 떨림이 멈췄습니다. 너무나 오랫동안 듣고 싶었던 그 호칭, 너무나 오랫동안 보고 싶었던 눈빛이 거기에 있었습니다. 12년 동안 많이 아팠습니다. 그런데 정말 아픈 건, 몸이 아니었습니다. 깨어지고 깨어진 '마음'이었습니다. 사랑받고 싶었는데, 사랑하고 싶었는데, 사랑할 수도 사랑받을 수도 없는 몸이 되어 사람들을 피해 숨어 다녀야 했던 여인의 깨어진 마음이었습니다. 그런데 예수님은 이 여인을 "뒤가테르"라고 부르신 것입니다. 그때 여인의 죽어 있던 마음, 감각 없던 마음, 감정조차 잃어버린 그 마음에 피가 흐르기 시작했습니다. 여인의 얼굴에 홍조가 생겼습니다. 어릴 적 아빠 품에 안기던 때가 생각났습니다. 엄마가 머리를 빗겨 주며 축복해 주던 날들이 생각납니다. 죽어 있던 심장이 두근거리기 시작했습니다. 회색빛 세상이 총천연색으로 입혀지기 시작했습니다.

(2) "네 믿음이 널 구원하였으니"

그분이 다시 입을 열었습니다. 여인은 자신이 어떤 믿음을 가졌는지 알고 있었습니다. 자신의 믿음이 얼마나 우습고 유치한 것인지 말입니다. 그저 미신처럼, 다른 길이 없으니 그냥 예수님의 옷깃에 손댄 것뿐입니다. 마지막 순간, 예수님의 옷에 손대는 순간에도 정말 치료될 것이라고 확신했던 것은 아닙니다. 그저 다른 길이 없기에, 지푸라기라도 붙잡는 심정으로 잡은 것이었습니다. 여인은 자신이 가진 믿음이 어떤 것이었는지를 정확하게 알고 있었습니다. 그런데 우리 주님은 마치 그걸 모르는 것같이 칭찬하십니다. "그 믿음 가지고라도 내게 나와 주어 고맙다" 하시는 것입니다. 소문을 듣고 생긴 믿음, 초라하고 기복적인 믿음, 그러나 '그 믿음'이라도 붙잡고, 이 많은 사람 틈에 위험을 무릅쓰고 나와 주어 고맙다고 하시는 것입니다. "대단하다, 잘했다, 너 참 귀하다, 참 고맙다" 말씀하시는 겁니다.

여인의 눈에서 방금 전 울었던 것과는 다른 종류의 눈물이 흐르기 시작했습니다. 이제 그 여인은 주변에 둘러서 있는, 분노에 찬 수많은 사람의 시선이 느껴지지 않았습니다. 그의 눈에는 오직 하나님의 아들이라 불리는 그분만 보였습니다. 자신 같은 부정한 여자의 그 미천한 믿음을 귀하고 아름다운 믿음이라고 말씀하시는 그분의 의도는 알 수 없었지만, 그 말이 진심이라는 것은 알 것 같았습니다. 12년 동안 세상과 사람들에게 위축되어 한 번도 펴 본 적 없던 허리를 펴고, 어깨를 반듯하게 세웠습니다. 여인은 생각보다 키가 컸습니다. 12년 동안 위축되고 망가진 자아상, 짓눌릴 대로 눌린 마음이 펴졌습니다. 우리 주님은 깨어질 대로 깨어진 그 여인의 마음마저 고치신 것입니다.

(3) "평안히 가라"

그때 또 예수님의 음성이 나직이 흘러나왔습니다. 이 여인은 주님에게 나아올 때, 몹시 두려웠습니다. 사람들이 무서웠습니다. 사람들을 밀치고 들어가며 몸이 부딪칠 때마다 그들이 고개 돌려 자신의 얼굴을 보면 어떻게 할지 두려웠습니다. 주님의 옷자락을 만지기도 전에, 사람들에게 붙잡혀 내쳐짐을 당하면 어찌해야 할지 두려웠습니다. 분노한 사람들의 돌에 맞을까 두려웠습니다. 아니, 더 두려웠던 것은 예수님의 옷자락에 손을 대었음에도 아무 일도 안 일어나는 것이었습니다. 유일한 희망이라 여기던, 그래서 그렇게 사람들 속을 비집고 들어가 만졌음에도 이 병이 치료되지 않는다면, 희망을 품었던 것만큼이나 비참해질 것이기 때문입니다. 그렇게 홀로 대열의 뒤에 남겨져 여전히 이 저주받은 병을 가지고 죽는 날까지 고통당하다 쓸쓸히 죽어 가야 할지도 모른다는 그 모든 생각 때문에 불안하고 두려웠습니다.

그런데 그 여인에게 들리는 예수님의 목소리는 이것입니다. "평안히 가라!" 여러분, 우리 주님은 이 여인의 '마음고생'을 아십니다. 여인의 귀에는 이 짧은 인사가 이렇게 들렸습니다. "딸아, 올 때는 두려웠지? 내게 나올 때는 불안했지? 사람들을 뚫고 올 때 떨렸지? 그 모든 두려움과 죽음의 공포를 뚫고 나와 주어 고맙다. 사랑하는 딸아, 네 집으로 돌아갈 때는 평안히 가렴." 주님은 돌아가는 여인의 길까지 축복해 주고 싶으셨던 것입니다. 예수님에게 나아올 때 두렵고 불안했던 그 마음을 돌아가는 길에는 다 내려놓고 정말 평안하게 가기를 원하셨던 것입니다. 12년이라는 세월 동안 끊임없이 다른 이들의 눈치를 보며 불안해했던 그 삶에 마침표를 찍어 주고 싶으셨던 것입니다. "평안히 가라! 이제 다시는 죽음과 병에 대한 두려움으로 떨지 말아라."

(4) "네 병에서 놓여 건강할지어다"

끝으로, 주님의 약속입니다. "사랑하는 딸아, 이제 네 앞에는 '진짜 삶'이 기다리고 있단다. 이제껏 이 병으로 말미암아 제대로 살지 못했던 네 삶, 네가 누려야 할 풍요로운 삶을 이제는 맘껏 살아가렴. 사랑하는 내 딸아, 나는 너의 몸만 치료할 수 있는 게 아니란다. 내가 널 불러 세운 건, 네 깨어진 마음과 네 부서진 정신도 고쳐 주고 싶었기 때문이란다. 네 부서진 자아도 만져 주고 싶었고, 네 깊은 두려움도 고쳐야 했기 때문이란다. 그러니 사랑하는 내 딸아, 이제 넌 그 모든 병에서 완전히 자유롭게 되었단다. 이제껏 네가 살아보지 못했던 네 삶을 살아가렴! 이제 좋은 사람을 만나 결혼도 하고, 아이도 낳으렴, 엄마가 되어 아이에게 젖을 먹이고, 남편의 사랑을 받으렴. 내가 주는 복 안에서 풍요를 누리렴. 이제껏 허비한 시간, 이제껏 울었던 시간, 이제껏 네 병으로 말미암아 묶여 있던 네 삶, 이제 다 돌려받으렴."

주님이 가신 길로의 초청

예수님은 발길을 돌려 가셨습니다. 놀라움과 충격에 빠져 있던 사람들도 정신 차리고 예수님의 뒤를 따라 야이로의 집으로 갔습니다. 길 위에 남겨진 사람은 이제 혈루증을 치유받은 여인뿐이었습니다. 남겨진 여인은 한참 동안 그 자리에서 일어날 수가 없었습니다. 지금 자기에게 일어난 일이 무슨 일인지 어리둥절하기만 했습니다. 길 위에 한참을 앉아 있었습니다.

여인은 길에서 일어났습니다. 겉옷으로 자신의 얼굴을 가리지 않았습니다. 핏기 없이 창백하던 얼굴에 붉은 홍조가 생겼습니다. 허리를 곧게 세우고 반듯하게 섰습니다. 마음 깊은 곳, 몸 속 깊은 곳에서 완전히 새로운 사람이 되었음을 느꼈습니다. 자리를 정돈하고 잠깐 고민했습니다. "집으로 돌아갈까?" 여인은 고개를 저었습니다. 이제 길 위를 걷기 시작합니다. 주님이 가셨던 방향입니다. 주님이 걸어가신 길 말입니다. 그분은 "네 삶을 살라"고 하셨습니다. "평안히 가라"고 하셨습니다. 그런데 그 여인이 발견한 평안의 길은 그분을 따르는 좁은 길, 좁은 문, 십자가의 길뿐이기 때문입니다.

여러분, 오늘도 우리 주님은 우리를 "뒤가테르"로 부르십니다. 그 넘치는 사랑 안에 있는 영원한 생명을 누리시고, 그분의 사랑 때문에 그분이 가신 길, 십자가의 길, 순교자의 길을 휘파람 부르며 따라가는 성도 되시기를 주님의 이름으로 축원합니다.

야이로의 딸

소녀가 곧 일어나서 걸으니 나이가 열두 살이라

"달리다 굼" 생명을 얻다

막 5:21-24, 35-43

부족한 것이 없을지라도

『부족한 것이 없는 사람에게 왜 복음이 필요한가?』(IVP 역간)라는 책이 있습니다. 이 책의 저자인 윌리엄 윌리몬은 오늘날 이 시대 복음은 주로 '억눌린 자, 소외된 자, 마음이 상한 자, 불행한 자'에게만 맞춰져 있는 것 같다고 말합니다. 그래서 위의 범주에 속하지 않는 자들에게는 복음이 잘 들리지 않는다는 것입니다. 그는 부족한 것이 없는 사람도 복음을 듣고 복음의 능력을 경험할 수 있으며 경험해야 한다고 말합니다. 이렇듯 윌리엄 윌리몬은 풍요의 시대를 사는 이들을 위한 복음의 내용과 방식에 관하여 글을 썼습니다. 저는 이 시대를 사는 이들에게 다양한 방식의 복음의 내용이 필요하다는 입장에서 이런 접근도 참 좋다고 생각합니다.

이 장에서는 회당장 야이로의 열두 살 난 딸이 등장합니다. 적어도 얼마 전까지 이 아이에게는 아무런 부족함이 없었습니다. 일단 열두 살입니다. 열두 살은 인생의 본질이 고해(苦海, 고통의 바다)임을 알기에는 너무 어린 나이입니다. 이 아이의 아버지는 회당장이었습니다. 이것은 경제적, 영적 풍요를 보장합니다. 게다가 이 아이는 무남독녀입니다. 아이는 아버지의 전폭적인 사랑을 받았습니다. 아이가 숨이 넘어가는 것을 보던 야이로는 예수님에게 달려와 엎드려 딸을 살려 달라 외쳤습니다. 이것은 야이로의 모든 것을 건 위험한 행동이었습니다. 이미 유대교 지도자들은 예수님을 죽이기로 결정한 상태였습니다. 야이로는 딸의 병을 고치겠다는 마음으로 예수님에게 엎드립니다. 자신이 가진 모든 것을 다 잃어도 딸을 살리고 싶은 절실함으로 한 행동입니다. 야이로의 열두 살 난 딸은 외적으로도 풍요로웠고, 내적으로 엄청난 사랑을 독차지한 아이였습니다. 누구라도 인정할 만한, 사랑을 듬뿍 받고 살던, 풍족하고 행복한 아이였습니다.

여러분, 열두 살 난 야이로의 딸은 무엇 하나 부족할 것 없는 인생 같습니다. 그런데 그렇게 마냥 행복해 보이는 이 아이에게도 예수님이 필요합니다. '예수 안에 소망이 있다'는 것은 단지 지금 뭔가 부족한 사람들에게만 해당되는 것이 아니라 모든 인간에게 해당하는 진리이기 때문입니다.

여인을 치료하시는 동안 일어난 일

성경은 혈루증을 앓는 여인의 치료 마지막 부분과 야이로의 열두 살 난 딸의 이야기를 절묘하게 연결합니다.

> 아직 예수께서 말씀하실 때에 회당장의 집에서 사람들이 와서 회당장에게 이르되 당신의 딸이 죽었나이다 어찌하여 선생을 더 괴롭게 하나이까(막 5:35).

예수님이 아직 혈루증을 앓던 여인에게 이야기하시는 중이었습니다. 여인을 향해서 "평안히 가라!"는 말을 하시던 중이었습니다. 여인의 몸뿐 아니라 영혼과 마음까지 치료하시는 말을 하고 계시던 차였습니다. 예수님을 붙잡았던 여인이 완전히 회복되는 아름다운 순간이었습니다. 그런데 그 좋은 분위기가 한순간에 망쳐지는 소식이 들렸습니다. 회당장의 종이 뛰어와 회당장을 향해 "당신의 딸이 죽었나이다. 이제 더 이상 예수님이 필요 없으니 두고 빨리 집으로 오십시오"라고 말했기 때문입니다. 희망찬 이야기가 한순간 절망으로 바뀌었습니다. 희극이 비극으로 바뀌었습니다. "당신의 딸이 죽었습니다." 이 소식 앞에서 모든 것이 끝나 버렸습니다.

죽음이 무엇입니까? 죽음은 절망입니다. 죽음은 끝입니다. 죽음은 이전에 했던 모든 수고와 애씀을 허무로 만들어 버리는 것입니다. 아무리 강한 자도, 성공한 자도, 아름다운 자도, 영향력이 크던 자도 죽음 앞에서 절망합니다. '죽음'은 모든 살아 있는 것을 절망에 빠지게 하는 존재입니다. 여러분, 이 죽음의 특징은 평등입니다. "누구나 죽음 앞에서는 대책 없다"는 것입니다. 누구라도 죽습니다. 왕과 거지가 같은 날 죽을 수도 있습니다. 미녀와 추녀가 함께 죽을 수도 있습니다. 천재와 바보가 같이 땅에 들어갈 수도 있습니다. 이 땅에서 가장 행복한 삶을 살았고 어떠한 고민도 하지 않았으며 엄청난 사랑을 받았다 할지라도 죽음이 찾아오면 비명을 지릅니다. 죄인인 인간에게 죽음은 영원한 멸망이며 영원한 고통으로 들어가는 관문인 까닭입니다.

여러분 중에 "나는 특별한 문제가 없는데요"라고 말할 수 있는 분들이 계실 것입니다. 모두가 인생이 힘들고 어려워 그 인생을 도와줄 보혜사가 필요한 것 같지는 않습니다. 내 힘과 내 능력으로 이 정도의 문제들은 해결할 수 있다고 할 만한 분들이 있습니다. 그렇습니다. 우리는 저마다 다른 환경에 있고, 경험하는 어려움, 느끼는 고통은 다를 수 있습니다. 그러나 우리는 한 가지 때문에 모두 고통 아래 놓여 있습니다. 그것이 무엇입니까? 바로 죄와 그 죄가 만들어 내는 죽음입니다. 누구라도 죽음 앞에서는 비명을 지르기 때문입니다. 어느 때에든지 죽음은 우리가 만들어 놓은 안전의 담을 넘어 들어올 수 있습니다. 그러니 우리는 이 죽음에 대한 답을 가지고 있어야 합니다. 이 죽음의 문제를 해결하지 못한 인간은 이 세상이 어떤 평가를 하든 상관없이 결국에는 망한 인생일 뿐이기 때문입니다.

등장인물을 살펴봅시다. 먼저는 '야이로'입니다. 이 이름의 뜻은 '깨
달은 사람, 빛나는 사람'이라는 뜻의 '야일'이라는 히브리 이름의 헬
라식 발음입니다. 그는 가버나움 회당의 회당장 중 한 사람이었습
니다. 회당은 이스라엘의 성전과 제사장 계급이 타락한 후에 더 이
상 사회 안에서 영향을 끼치지 못하게 되었을 때, 각 지방마다 생겨
난 신앙 공동체였습니다. 회당에는 세 종류의 지위가 있었는데 가
장 아래, 율법을 가르치는 교사에 해당하는 '랍비'가 있었고, 그들
위에 회당 안의 제반 직무를 수행하는 '하잔'이라는 사람이 있었으
며, 그들 위에 회당을 대표하는 '회당장'이 있었습니다. 회당장은 집
회를 인도했고, 예배 질서를 세우고, 설교권을 할당해 줄 권리를 갖
고 있었습니다. 종교와 정치가 분리되지 않았던 유대 사회에서 회
당장은 사회적으로 재판권을 갖기도 했습니다. 당시 회당장 야이
로는 가버나움에서 가장 존경받고 유력한 사람 중 하나였을 것입니
다. 이름 그대로 '빛나는 사람'이었던 겁니다. 그런데 그가 지금 예
수님 발아래 엎드렸습니다.

> 회당장 중의 하나인 야이로라 하는 이가 와서 예수를 보고 발아
> 래 엎드리어 간곡히 구하여 이르되 내 어린 딸이 죽게 되었사오
> 니 오셔서 그 위에 손을 얹으사 그로 구원을 받아 살게 하소서
> 하거늘(막 5:22, 23).

"간곡히 구하여 이르되"는 야이로의 간절한 태도를 보여 줍니다. 이례적인 일입니다. 이미 유대교는 예수님을 죽여야 한다고 생각했습니다. 야이로는 그 유대교를 대표하는 회당장 가운데 하나입니다. 그런데 그런 그가 예수님에게 엎드리는 것은 다른 이들에게는 충격적인 일입니다. 도대체 무엇이 이 회당장으로 하여금 예수님 앞에 엎드려 간청하게 했던 것일까요?

회당장의 입에서 간청이 터져 나왔습니다. "예수님, 내 어린 딸이 죽어 가고 있습니다. 제발 오셔서 제 딸 위에 손을 얹어 그를 고쳐 주십시오." 가슴 깊은 곳에서 터져 나온 아버지의 진심 어린 간청이었습니다. 그곳에 모인 모든 이는 그제서야 야이로의 행동에 수긍합니다. 열두 살 난 딸이 죽어 가는 상황에서 아버지가 보일 법한 행동이기 때문입니다. 예수님도 고개를 끄덕이셨습니다. 야이로가 일어났습니다. 그리고 그 예수님이 무리 가장 앞에서 그 무리를 인도하여 야이로의 집으로 가셨습니다. 바닷가의 많은 무리가 예수님이 하실 일을 기대하며 그분의 뒤를 따르기 시작했습니다.

원래 야이로는 이렇게 행동하면 안 되는 사람입니다. 그는 고상한 사람이고, 이 마을의 유지입니다. 그는 현재 유대교 심장에 해당하는 회당의 최고 '결정권자'입니다. 그런 그가 유대교로부터 미움받는 예수님을 찾아가 그 앞에 무릎 꿇고 사정해서는 안 된다는 겁니다. 그런데 야이로는 지금 대낮에 수많은 사람이 모여 있는 자리에서 예수님 앞에 엎드렸습니다. 도대체 이 야이로는 무슨 생각으로 이렇게 엎드린 것일까요? 유대 종교 지도자들은 야이로의 회당장 지위를 박탈할 것입니다. 야이로는 사회적으로 맹렬한 비난을 받게 될 것입니다. 이제껏 살았던 회당에서 쫓겨날 것이고, 정기적인 수입도 끊어질 것입니다. 예수님 앞에 무릎을 꿇다니요. 그것은 절대로 해서는 안 되는 짓이었습니다. 그러나 그는 그렇게 했습니다. 그 모든 것을 아는 사람이었음에도 그는 왜 대낮에 예수님 앞에 무릎 꿇었던 것일까요? 이유는 한 가지입니다.

내 어린 딸이 죽게 되었사오니(막 5:23).

제 딸이 두 살 때 심한 열 감기에 걸린 적이 있습니다. 밤을 꼬박 새워 가며 해열제를 먹이고 젖은 수건으로 몸을 씻겨 열을 내려 주어야 했습니다. 아침이 되면서 열이 조금 떨어졌고 아이도 제법 안정된 것 같았습니다. 밤새 간호한 아내는 옆에서 졸고 있었고, 지친 저도 몽롱한 상태로 딸아이를 바라보고 있었습니다. 밤새 심한 열로 끙끙거리며, 떨어야 했던 딸아이는 온몸에 힘이 하나도 없는 상태로 누워 역시 힘든 눈으로 저를 바라보고 있었습니다. 그런데 갑자기 역한 냄새가 진동했습니다. 정신을 차리고 아이에게 다가갔습니다. 딸은 누워 있는 채로 그 자리에서 묽은 설사를 한 것입니다. 열이 난다고 물을 많이 마시게 했고, 열 때문에 기저귀를 벗겨 놓았기에 아이의 변은 이미 많이 퍼져 엉덩이와 등, 그리고 머리카락에까지 묻어 있었습니다. 아이는 아까부터 저를 보며 뭐라고 했습니다. 아이는 저에게 계속 도와달라고 말하고 있었던 것입니다. 그런데 저는 그것을 몰랐습니다. 분명 계속해서 아이는 사인을 보냈을 텐데 저는 피곤해서 그냥 그렇게 멀뚱히 아이를 보고만 있었던 것입니다. 똥물에 젖은 딸아이 옆에서, 아이가 그렇게 될 때까지 멍하니 쳐다만 봤던 저의 무능함에 비참함이 밀려왔습니다. 딸아이의 사인을 알아보지 못한 미련한 아빠로서의 미안함 때문이었습니다. 물티슈로 아이를 닦고 옷을 갈아입히며 머리에 묻은 똥물을 닦아내는 아이 엄마 옆에서 저는 아빠로서 한없이 비참했습니다.

야이로의 절망과 희망에 관하여

야이로는 힘과 권력 있는 사람입니다. 그는 경건한 사람이고 지혜로운 사람이기도 했습니다. 많은 이가 찾아와 인생의 어려움을 이야기하면 답을 주는 사람이었습니다. 가버나움이라는 시골 마을에 있는 회당장 야이로는 부족한 것이 없는 사람이었습니다. 그런 그를 더욱 행복하게 하는 것은 바로 하나님이 그에게 축복으로 주신 딸이었습니다.

회당에서의 힘든 업무를 마치고 돌아왔을 때, 딸은 뛰어와 아빠에게 안겼습니다. 어렵고 긴 상담을 마치고 파김치가 되어 돌아왔을 때, 딸아이는 힘내라며 조그만 손으로 아빠의 어깨를 안마해 주었습니다. 하루는 딸아이가 자기가 그린 것이라며 그림 한 장을 보여 주었습니다. 도화지 중앙에 커다란 사람이 있고, 주변에 조그만 사람들이 있는 그림이었습니다. 무슨 그림이냐고 물었더니, 세상에서 가장 중요한 아빠와 우리 가족을 그린 그림이라고 했습니다.

어느 날은 하루 종일 일이 너무 많았습니다. 표정 관리가 되지 않는 날이었습니다. 딸아이가 문을 벌컥 열었습니다. 아무런 설명도 없이, 가사도 잘 알아들을 수 없는 노래를 부르면서 춤을 추기 시작했습니다. 언뜻 익숙한 후렴구가 들려왔습니다. "무슨 일이 생겼나요, 무슨 걱정 있나요, 마음대로 안 되는 일 오늘 있었나요, 아빠 힘내세요, 우리가 있잖아요, 아빠 힘내세요, 우리가 있어요." 음정도 박자도 춤사위도 그 어느 것 하나 제대로인 것이 없는데 갑작스럽게 웃음이 터져 나옵니다. 이렇듯 딸아이는 야이로에게 하나님이 보내 주신 최고의 보물이었습니다.

이 딸아이가 열두 살이 되었습니다. 유대의 전통에서는 여자아이가 열두 살 6개월이 되면 준 어른으로 인정받게 됩니다. 신랑감을 찾아 정혼할 수 있는 나이가 되는 것이지요. 날로 예뻐지는 딸, 갈수록 생명력이 넘치는 딸을 아쉬움과 기대의 눈으로 바라보았습니다. 이제 곧 아빠 품을 떠나게 될 아이를 위해 하나님 앞에 무릎 꿇는 시간이 많아졌습니다.

그러던 어느 날, 딸이 아팠습니다. 이유를 알 수 없었습니다. 생명력으로 넘치던 딸아이의 몸에서 점점 생기가 사라지는 것이 느껴졌습니다. 아이의 손을 잡았습니다. 아이도 아빠의 손을 꼭 잡았습니다. 열두 살 난 딸아이에게 아빠는 아직도 슈퍼맨입니다. 아이가 조그만 목소리로 "아빠, 너무 아파요. 살려 줘요"라고 속삭인 후에 의식을 잃었습니다. 그때 문득 해변에 와 있다는 예수에 대한 생각이 났습니다. 야이로는 어느새 뛰고 있었습니다. 죽어 가는 딸, 숨이 넘어가는 저 불덩어리 딸을 구해야 했기 때문입니다.

야이로의 독백 1

> 아직 예수께서 말씀하실 때에 회당장의 집에서 사람들이 와서 회당장에게 이르되 당신의 딸이 죽었나이다 어찌하여 선생을 더 괴롭게 하나이까(막 5:35).

왜 하필 이 시간에 저 혈루증 앓는 여인을 치료한단 말입니까? 저 여인은 저도 아는 여인입니다. 12년이나 아팠던 여인인데, 하루 더 아프다 한들 그게 무슨 대수입니까? 아니, 지나가시다 치료하셨다면 그냥 가시면 되지, 왜 그 여인을 찾는 데 그렇게 많은 시간을 쓰시는 겁니까? 여인은 감격하여 울고 있고, 사람들은 놀라워하며 하나님을 찬양합니다. 온전한 치료가 일어났고 새로운 인생이 시작되었다고 말이지요. 이제는 새로운 가정을 이루며 새로운 인생을 살게 될 것에 관하여 감사 눈물을 흘리는 여인이 저기 길 바닥에 있습니다. 당신은 기껏 그 여자에게 작별 인사를 하기 위해 시간을 쓰셨습니다.

이게 뭡니까? 당신이 저 여인 때문에 지체하시는 동안, 당신이 저 급하지 않은 여인을 치료하시는 동안, 제 딸이 죽었단 말입니다. 당신이 저 여인을 나오라 하시는 동안, 저 여인이 나와서 자신의 자초지종을 설명하는 동안, 당신이 그 여인을 향해 "딸아, 네 믿음이 너를 구원하였노라"고 말씀하시는 동안, "평안히 가라" 하시는 동안, "그 병에서 놓여 건강할지어다" 하시는 동안 내 딸은 죽었단 말입니다. 다시는 돌아올 수 없는 강을 건넜단 말입니다. 도대체 이게 뭡니까? 아니, 이래도 되는 겁니까?

다리에 힘이 풀렸습니다. 하늘이 노랗습니다. 유일한 희망이었는데, 그 희망이 바로 눈앞에서 문을 닫아 버렸습니다. 유일한 빛이었는데 신기루였습니다. 어둠만 남아 저를 덮었습니다. 몸이 떨려오기 시작합니다. 지독한 두려움이 밀려옵니다.

지금 집에서 저를 기다리는 것은 생기발랄한 제 딸이 아닙니다. 거기에는 싸늘하게 식어 가는 딸이 저를 기다리고 있습니다. 웃음, 춤, 노래, 내게 들려주었던 꿈, "아빠 최고"라며 부비던 볼, 그 어떤 것도 남아 있지 않습니다. 두 번 다시는 볼 수도, 만질 수도 없게 된 것입니다. 이것은 저의 현재가 사라지는 것입니다. 그러나 어쩌면 그것은 저의 미래도 사라지는 것을 의미합니다. 이제는 추억할 과거만 남았지요. 저는 딸의 죽음을 맞이할 용기가 없습니다. 딸에게 작별 인사를 할 힘도 없습니다. 다시 무언가에 힘을 낼 수 있을 것 같지 않습니다. 이걸 "절망"이라 부르나 봅니다. '죽음'은 무엇도 남겨 놓지 않는 폭군입니다. 그것은 나의 모든 것을 앗아가 버렸습니다. 분명 사방에 사람이 있었지만 저는 그들의 소리를 들을 수도 없고, 그들이 보이지도 않았습니다. 저는 깊은 어둠 속에 홀로 던져졌습니다.

야이로의 독백 2

예수께서 그 하는 말을 곁에서 들으시고 회당장에게 이르시되 두려워하지 말고 믿기만 하라 하시고(막 5:36).

웅성거리는 주변 소음을 뚫고 선명한 목소리가 들렸습니다. 이제껏 무정하게 길에서 시간을 쏟아 버리셨던 그분, 나의 유일한 희망이라 여겼으나 그 희망의 문을 '쾅' 하고 닫아 버리신 그분의 목소리였습니다. 지금 그분이 나를 향해 말씀하십니다. "두려워 말고 믿기만 하라." 저는 무엇을 믿어야 할지 모르겠습니다. 그러나 그분이 내미는 손은 잡아야 했습니다. 그분의 무시무시한 눈 때문이었습니다. 그분의 눈은 무언가를 향해 분노가 이글거리고 있었습니다. 그분의 손을 잡는 순간 무릎에 힘이 돌아왔습니다. 그리고 이제 그분이 앞장서 걷기 시작하셨습니다.

그분은 네 명의 제자를 제외한 모든 무리를 흩으셨습니다. 그분이 앞장서서 저희 집을 향해 곧장 걸어가셨습니다. 사람들의 통곡소리가 들려왔습니다. 슬픔과 죽음의 기운이 제 집을 덮고 있었습니다. 주님은 적을 향해 돌격하듯 집의 중심으로 나아가셨습니다.

그분은 그곳에서 우는 이들을 향해 외치셨습니다.

> 들어가서 그들에게 이르시되 너희가 어찌하여 떠들며 우느냐 이
> 아이가 죽은 것이 아니라 잔다 하시니(막 5:39).

사람들은 예수님을 비웃었습니다. 세상은 죽음 앞에서 울고, 슬퍼하고, 통곡하는 것 이상의 그 어떤 것도 할 수 없습니다. 그분은 사람들을 내보내셨습니다. 그곳에는 저와 아내, 그리고 예수님의 네 제자만 있었습니다.

그분이 제 아이의 손을 잡으셨습니다. 아이의 귓가에 나직하게 말씀하셨습니다. "달리다 굼!" 아이 엄마가 딸아이를 깨울 때 하는 말이었습니다. 사망을 이기기에는 너무 약해 보이는 말이었습니다. 그러나 그 말이 그분의 입에서 나오자마자 딸아이를 붙잡고 있던 거대하고 강력해 보이던 어둠이 순식간에 사라져 버렸습니다. 딸아이가 눈을 떴습니다. 정말이지 '찰나'였습니다. 놀란 저는 아이를 향해 손을 내밀었습니다. 딸아이가 제 손을 붙잡았습니다. 그리고 자신의 반대편 손을 잡고 있는 그분을 올려다보았습니다. 언뜻 길 위에 주저앉아 주님의 얼굴을 바라보고 하염없이 울던 혈루증을 앓던 여인의 얼굴이 제 딸아이의 얼굴에 겹쳐졌습니다. 딸아이는 그분을 향해, 마치 누구인지 안다는 듯 미소 지었습니다.

수많은 이야기와 나의 이야기

이 땅에 있는 모든 고통의 근원에는 인간의 죄가 있고, 그 죄의 결국은 사망입니다. 결국에 우리가 이 사망에서 자유하지 못하는 한 우리는 한 치도 행복해질 수 없는 인생들입니다. 그런데 여러분, 이 사망을 이기신 이가 우리 가운데 이미 계십니다. 나사렛 예수 그리스도, 바로 그분입니다. 그분은 인간으로서는 도무지 어찌할 수 없는, 그 사망에 붙들려 있는 한 아이를 마치 엄마가 아이를 깨우는 소리, "달리다 굼" 하셔서 빼앗아 내신 분입니다.

성도 여러분, 이 주님을 만납시다. 이 주님을 경험합시다. 이 주님을 전합시다. 이 주님이 우리 앞에서 행하시도록 합시다. 오늘날 우리는 수많은 기적에 대해 듣습니다. 야이로는 바로 자신의 눈앞에서 12년간 혈루증이라는 불치병을 앓던 여인이 낫는 것을 보았습니다. 그러나 야이로에게 그 기적은 아무런 의미가 없었습니다. 왜 그렇습니까? 그 시간에 자신의 딸이 죽었기 때문입니다. 오늘도 수많은 일이 일어납니다. 그리고 하나님이 자기를 사랑하시고 자기를 위해 이런 이런 일을 행하셨다고 말하는 이들의 이야기를 쉽게 들을 수 있습니다. 그러나 그런 간증들은 사실 우리에게 그리 큰 도움이 되지 않습니다. 우리에게 별 어려움이 없을 때, 우리는 그런 간증을 들으면서 박수칠 수 있습니다. 그러나 자녀가 죽어 가는 상황이라면, 내 인생의 문제가 몹시 커서 그 고통이 극심한 때라면, 우리는 다른 이들의 간증을 들으며 앉아 있을 수 없습니다.

그 이야기가 우리를 만족시킬 수 없기 때문입니다. 수많은 다른 이에게 일어난 이야기들은 그저 남의 이야기일 뿐입니다. 우리가 그 예수님을 만나고, 그 예수님이 우리 가운데 행하시는 구원을 경험해야 합니다. 그러니 내가 그 예수님을 만나고, 나를 위해 예수님이 행하시는 일을 경험하게 해달라고 구하십시오.

여러분, 쉽게 포기하지 마십시오. 정말 포기할 수 없는 것이 있다면, 그것에 대해서 하나님에게 구하고 있다면 절대로 중간에 멈춰 서지 마십시오. 기도하다 절망하셨습니까? 하나님이 듣지 않으시는 것 같습니까? 마치 주님이 일부러 요지부동하시는 것 같습니까? 주님은 계획이 있으십니다. 죽음과 싸우실 계획을 세우신 것입니다. 사망을 무너뜨리려고 하시는 것입니다. 절망이라는 이름의 사망, 어떤 인간도 싸워 이길 수 없는 사망, 모든 절망 중에 가장 깊은 절망을 희망으로 바꾸실 수 있다는 것을 보이시기 위함입니다.

지금 절망의 자리에 계십니까? 도저히 이겨 낼 수 없을 것 같습니까? 딸아이의 시신 앞에 선 것 같습니까? 주님이 우리에게 요구하십니다. "두려워 말고 믿기만 하라!" 주님이 하신 말씀을 의지해 절망의 순간에도 절망하지 말고 주님을 향해 고개를 드십시오. 주님이 주님의 방식으로, 내가 꿈꿔 보지 못한 방식으로 주님의 구원을 이루실 것입니다.

나사로

큰 소리로 나사로야 나오라 부르시니

살아서 무덤을 걸어 나오다

요 11:38-44

나사로야 나오라!

이 장에서는 우리에게 아주 익숙한 이야기를 나누려 합니다. 바로 예수님이 죽은 나사로를 살려 내시는 사건입니다. 이 이야기는 해마다 찾아오는 부활절의 단골 설교 본문이기 때문에 자주 들어 보셨으리라 생각합니다. 그럼에도 이 본문을 택한 이유는 너무 익숙해서 보이지 않는, 진짜 중요한 이야기가 있기 때문입니다.

요한을 제외한 모든 사도가 죽은 후, 요한은 이제 이 땅에서의 시간이 얼마 남지 않았음을 직감합니다. 그는 자신에게 남은 얼마의 시간 동안 예수님의 생애에 대한 신학적 이해를 포함한 복음서를 써야겠다고 생각하게 됩니다. 그래서 다른 복음서들과 다른 방식으로 예수님의 생애를 기록했습니다. 요한복음은 시간 순서대로 예수님의 생애를 기록하지 않았습니다. 요한은 무언가를 설명하기 위해 사건의 앞뒤를 바꿔 기록하기도 하고, 아주 긴 예수님의 설교문을 넣기도 하는 방식으로 예수님의 생애에 대한 신학적 설명을 들려줍니다. 이러한 특징을 잘 보여 주는 단어가 바로 '표적'입니다. 요한은 예수님이 행하신 일곱 개의 기적을 표적이라고 부르며 그 표적을 통해 '예수님은 누구인가'를 설명합니다. 그리고 그렇게 선정한 일곱 개의 표적 가운데 마지막 표적이 바로 '나사로를 살리는 표적'입니다. 그리고 이것은 예수님이 생명이시라는 것, 예수님이 사망을 이기는 분이라는 것, 예수님이 부활이라는 것을 보여 주는 중요한 표적입니다. 그럼 나사로의 이야기를 보겠습니다. 본문에서 예수님은 자신을 이렇게 소개하시며, 우리가 그것을 믿는지 질문하십니다.

> 예수께서 이르시되 나는 부활이요 생명이니 나를 믿는 자는 죽어도 살겠고 무릇 살아서 나를 믿는 자는 영원히 죽지 아니하리니 이것을 네가 믿느냐(요 11:25, 26).

이것은 예수님이 마르다에게 하신 말씀입니다. 그러나 이것은 우리를 향한 질문이기도 합니다. 예수님은 부활이요, 생명이기 때문에 예수님을 믿으면 죽어도 살고, 살아서 믿으면 영원히 죽지 않는다는 것이 진짜일까요? 증거가 있습니까? 예, 있습니다. 바로 이

장에서 다루는 본문, 나사로가 살아나는 표적입니다.

세 장면으로 읽기

나사로의 부활과 관련된 본문이 마흔네 절이나 되기 때문에, 저는 그 긴 이야기를 세 개의 장면으로 정리해 보려고 합니다. 첫 번째는 베다니로부터 먼 곳에 계신 예수님과 제자들의 대화 장면이고, 두 번째는 마을 밖, 무덤으로 향하는 길 위에서 마르다, 마리아와의 대화 장면이며, 세 번째는 예수님이 무덤 앞에 서서 무덤 속 나사로를 향해 명령하시는 장면입니다.

첫 번째 장면입니다. 예수님과 제자들은 예수님을 죽이려는 유대인들을 피해 '요단강 저편 세례 요한이 처음으로 세례를 베풀던 곳'(요 10:40 참조)에 있었습니다. 이곳은 나사로가 살던 베다니에서 160킬로미터나 떨어진 곳이었습니다. 그런데 그곳까지 나사로의 집 하인이 찾아와 '나사로가 병으로 죽어 간다'는 소식을 전합니다. 나사로의 가족들은 예수님을 사랑하는 자들이었고, 예수님도 그들을 사랑하셨습니다. 누이들은 예수님이 생명이 위태로운 오빠 소식을 들으시면 즉시 오셔서 치료해 줄 것이라 믿었습니다.

그들의 표현을 보십시오. "주여 보시옵소서 사랑하시는 자가 병들었나이다"(요 11:3). '오빠' 혹은 '나사로'라고 말하지 않습니다. "사랑하시는 자"라고 부르고 있습니다. 당신의 사랑하는 자가 병들었으니 어서 와서 고쳐 달라는 것입니다. 그들은 예수님의 즉각적인 반응을 확신했습니다. 그런데 예수님이 의외의 행동을 하십니다. "나사로가 병들었다 함을 들으시고 그 계시던 곳에 이틀을 더 유하시고"(요 11:6). 분명 사랑하는 이가 죽어 가고 있다면, 그리고 자신에게 그 병을 치료할 능력이 있다면, 급하게 짐을 챙겨 찾아가는 것이 맞을 것입니다. 그런데 예수님은 나사로를 위해 급하게 이동할 준비를 하지 않으셨습니다. 심지어 제자들에게도 이 일에 관하여 말씀하시지 않았습니다. 그리고 이틀 동안 아무런 조치도 취하지 않으셨습니다.

제자들은 그런 예수님의 모습을 보고 생각했습니다. 얼마 전 예루살렘에서 예수님이 성난 유대인들의 돌에 맞아 죽을 뻔한 사건이 있었습니다. 나사로의 가족이 살고 있는 베다니는 예루살렘에서 3킬로미터밖에 떨어지지 않은 곳입니다. 예수님이 베다니에 가는 것은 대단히 위험한 행동이었고, 제자들은 예수님이 그 위험 때문에 나사로의 병 소식을 들었음에도 올라가시지 않을 거라고 생각했을 것입니다. 그런데 예수님은 이틀이 지나서 베다니로 출발하십니다. 그때는 이미 나사로가 죽은 후였습니다.

두 번째 장면입니다. 이제 예수님의 일행이 베다니 동네 어귀에 도착했습니다. 나사로의 시신은 이미 무덤으로 옮겨졌습니다. 그때 마르다가 뛰어왔습니다. 상주 옷을 입고 온 마르다의 입에서 가장 먼저 나온 말은 인사가 아닌 원망 섞인 말입니다. "주께서 여기 계셨더라면 내 오라버니가 죽지 아니하였겠나이다"(요 11:21). 마르다는 예수님에게 서운했습니다. 아니, 너무나도 원망스러웠습니다. 도대체 어떻게 당신은 이렇게나 늦게 올 수 있느냐는 것입니다. "예수님, 도대체 왜? 뭐 때문에 이렇게나 늦게 오셨나요? 우리 하인이 당신에게 가서 나사로가 죽게 되었다고 전한 게 언제인데, 그때 곧바로 출발하셨다면 적어도 이틀 전에는 도착하셨을 텐데, 도대체 어디서 뭐하다가 이제야 오신 건가요? 당신에게 나사로를 살리는 것보다 중요한 일이 있었던 건가요? 뭐가 그렇게 중요해서 거기에 이틀이나 더 계셨던 건가요? 제발 제가 좀 이해할 수 있게 말 좀 해 보세요!"

예수님은 그렇게 다그치는 마르다를 향해, "나는 부활이며 생명"이라고 말씀하시며, "나를 믿는 자는 죽어도 산다"는 이해하기 어려운 말씀을 하십니다. 신기하게도 마르다는 예수님이 하신 그 말씀을 이해하는 것 같았습니다. 27절에서 마르다가 "그러하외다 주는 그리스도시요 세상에 오시는 하나님의 아들이신 줄 내가 믿나이다"라고 대답하기 때문입니다. 그러나 여러분, 그렇게 대답한 마르다가 어디로 가고 있습니까? 우리는 마르다가 어디로 가는지 봐야 합니다. 예수님이 죽은 나사로를 살릴 수 있다고 정말 믿었다면, 마르다는 예수님을 나사로의 무덤으로 데려갔어야 합니다. 그런데 마르다는 예수님을 자신의 집으로 모시더니 갑자기 동생 마리아를 부르며 이렇게 말합니다. "선생님이 너를 부르신다." 여러분, 언제 예수님이 마리아를 불렀습니까? 부른 적 없습니다. 지금 마르다는 거짓말하고 있는 것입니다.

마르다는 '예수님이 부활이요 생명이라는 것'을 믿는다고 했습니다. 그러나 진실로 믿지 않았던 것입니다. 마르다는 예수님을 향한 원망의 마음이 계속 올라온 나머지 예수님과 함께 계속 있기가 어려웠습니다. 예수님이 부활에 대해 말씀하시니 맞장구쳐 드리기는 했지만, 예수님에 대한 감정은 여전히 좋지 않습니다. 그래서 예수님을 집으로 데려왔고, 동생 마리아를 불러 예수님과 함께 있으라 하고 자기는 자리를 피한 겁니다.

우리는 때때로 마르다와 같습니다. 예수님이 우리의 구원자라는 것, 우리의 소망이라는 것, 예수님이 찾아오시기만 하면 모든 것이 해결될 수 있다는 것을 "믿는다"고 말합니다. 그러나 예수님을 진짜 믿지는 못합니다. 예수님이 진짜 소망이라는 것을 믿는다면, 예수님이 내 인생 가운데 임하시기를 간절히 구할 것입니다. 그런데 그렇게 간절하지 않습니다. 다시 앞을 보기 원했던 바디매오를 생각해 보십시오. '예수님에게는 나를 다시 보게 만들 능력이 있다'는 것을 믿었던 바디매오는 예수님을 향한 부르짖음을 멈추지 않았습니다. 그는 믿음대로 행한 것입니다. 마르다는 믿는다 했지만 정말 믿지 않는, 우리 대부분이 가지고 있는 불신앙을 보여 주는 본보기입니다.

여러분, 행함으로 믿음을 증명해야 합니다. 신앙의 세월이 길어지면 점점 말을 잘하는 사람이 될 수 있습니다. 사용하는 어휘가 종교적인 것으로 바뀔 수 있습니다. 그러나 그런 모습 때문에 진실로 예수님을 믿는다고 말할 수는 없습니다. 부활을 믿는다면 부활을 믿는 자답게 살아야 합니다.

마르다의 말을 들은 마리아가 예수님에게 나아왔습니다. 그러나 마리아도 마르다와 같았습니다. 그녀는 예수님 앞에 엎드려서 마르다가 했던 말과 똑같은 말을 합니다. "예수님 왜 이렇게 늦게 오셨나요? 도대체 뭘 하시다 이제야 오신 건가요?" 예수님도 그 자리에서 우셨습니다. 그리고 나사로의 무덤으로 인도하라 하셨습니다.

세 번째 장면은, 굴로 된 무덤 앞에서 이루어집니다. 무덤 입구는 커다란 돌로 막혀 있었습니다. 예수님은 "무덤 입구를 막고 있는 돌을 치우라"고 명령하셨습니다. 마르다는 대답했습니다. "주여 죽은 지가 나흘이 되었으매 벌써 냄새가 나나이다"(요 11:39). 예수님이 마르다에게 호통치셨습니다. "내 말이 네가 믿으면 하나님의 영광을 보리라 하지 아니하였느냐"(요 11:40). 이게 무슨 말일까요? "너는 방금 전에 내가 하나님의 아들인 것을 믿는다면서, 지금 무덤 입구의 돌을 치우라는 말도 무시하느냐? 너는 지금 나를 뭐라고 생각하는 것이냐?" 예수님은 부활에 관하여, 예수님의 말씀과 능력에 관하여 믿지 않는 마르다, 도무지 움직이려고 하지 않는 마르다를 향해 호통치신 것입니다.

마르다는 놀랐습니다. 그리고 사람들을 시켜 무덤 입구의 돌을 옮겼습니다. 주변에 많은 사람이 있었습니다. 그리고 썩어서 냄새 나는 시신이 있는 무덤의 입구를 왜 열었는지 그 많은 사람이 궁금해했습니다. 예수님은 그 소란스러운 자리에서 하나님에게 기도하셨습니다. 그리고 그 무덤 입구를 바라보시며 큰 소리로 명령하셨습니다. "나사로야 나오라!" 예수님의 명령이 떨어지자마자 온몸을 동인, 수의 역할을 하는 천을 뒤집어쓴 나사로가 무덤에서 걸어 나왔습니다. 죽은 나사로, 죽은 지 나흘이나 되어 시신 썩는 냄새가 나는 나사로가 살아난 것입니다.

예수님이 흘리신 눈물

성도 여러분, 이것이 나사로를 살려 내시는 예수님의 이야기입니다. 요한복음 11장은 매우 중요한 장이기 때문에 다양한 주제를 이 본문에서 찾을 수 있습니다. 저는 이 장면들을 지나는 예수님의 얼굴을 한번 살펴보고 싶습니다. 예수님은 나사로를 살리시는 이야기 속에서 소리 내어 우셨습니다. 도대체 왜 예수님이 우신 걸까요?

예수님이 우신 이유는 마르다와 마리아 그리고 유대인들과의 대화를 통해서 알 수 있습니다. 여기에 등장하는 마르다와 마리아는 대단한 믿음을 가진 사람들입니다. 모든 이가 예수님을 죽이려 할 때, 그 자매는 예수님을 자기 집에 모시는 위험을 감수했습니다. 그냥 따라다니던 팬이 아니라 진정 스승과 함께하려는 제자였습니다. 이들은 예수님을 사랑했고, 예수님도 이들을 사랑하셨습니다. 그런데 나사로의 죽음 앞에서 '그들의 믿음 수준'을 확인하게 됩니다.

먼저 '마르다'를 보겠습니다. 대단한 의지를 가지고 있고, 주도적으로 행동하는 여인입니다. 나사로의 손위 누나가 아니었을까 하는 생각이 듭니다. 이 여인은 집안의 살림을 도맡아 했고, 대부분 손님 접대도 이 여인이 한 것 같습니다. 나사로의 죽음 앞에서도 이 여인이 울었다는 내용이 없습니다. 그 와중에 예수님이 도착하셨다고 하니까 마을 어귀까지 나와서 영접했습니다. 아주 강한 마음의 소유자인 것 같습니다. 마르다는 자신의 마음과 무관하게 의지적으로 신앙 고백할 수 있는 사람이었습니다. 예수님이 "나는 부활이요, 생명이라"는 말씀을 하셨을 때, "이르되 주여 그러하외다 주는 그리스도시요 세상에 오시는 하나님의 아들이신 줄 내가 믿나이다"(요 11:27)라는 아름다운 고백을 했던 여인입니다. 그는 확실한 사람이었습니다. 바른 진리라면 그것이 어느 때건 "예"라고 대답하는 사람이었습니다

다음으로, '마리아'를 보겠습니다. 마리아는 예수님에게 푹 빠져 있는 여인입니다. 예수님 발치에 앉아 예수님의 말씀을 듣는 것, 예수님의 얼굴을 올려다보는 것, 그것이 너무 좋아서 옆에서 잔치를 준비하던 언니 마르다의 눈빛을 알아채지 못할 정도였습니다. 마리아는 대단히 감정적인 여인입니다. 예수님이 마을 어귀에 오셨다는 말을 들었을 때, 일부러 예수님을 마중 나가지 않았습니다. 예수님에게 서운한 마음이 가득했기 때문입니다. 그런데 또 예수님을 보자마자 참고 있던 눈물이 터져 나왔습니다. 그리고 언니가 했던 말과 똑같이 "당신은 어디에 계셨나요? 여기에 계시기만 했더라면 우리 오빠는 지금 살아 있었을 텐데"라고 말하며 서럽게 울었습니다. 마리아는 서운한 마음이 가득했습니다. 그러나 예수님을 사랑하니

다. 오빠를 잃은 고통과 예수님에게 서운한 마음을 모두 예수님 앞에 쏟아 놓을 수 있는 여인이기 때문입니다.

이제 우리는 '이 자매를 바라보시는 예수님의 표정'이 어떠했을지 생각해 보려 합니다. 예수님은 과연 어떤 표정으로 이 사랑하는 자매를 보셨을까요? 슬프고 비통하고 원망하는 감정을 누르며 바른 신앙 고백을 하나 예수님 곁에서 물러나 버리는 마르다와 나타나자마자 자신 앞에 엎드려서 원망을 쏟아 놓으며 우는 마리아 앞에서, 그리고 그들 뒤에서 그들과 함께 따라 울고 있는 이 많은 사람 앞에서 예수님은 과연 어떤 표정이셨을까요? 요한은 예수님과 가장 가까운 곳에 있던 제자입니다. 예수님의 심정 변화에 관하여 가장 잘 알 수 있었던 사람입니다. 요한은 죽은 나사로를 다시 살려 내시는 예수님과 관련된 기사를 쓰면서 예수님의 표정을 적었습니다. 그분이 어떤 심정으로 나사로의 죽음을 대하셨는지 알려 주고 싶었던 것입니다.

> 예수께서 그가 우는 것과 또 함께 온 유대인들이 우는 것을 보시고 심령에 비통히 여기시고 불쌍히 여기사(요 11:33).
>
> 예수께서 눈물을 흘리시더라(요 11:35).
>
> 이에 예수께서 다시 속으로 비통히 여기시며 무덤에 가시니(요 11:38).

제가 가장 좋아하는 '예수님의 모습'입니다. "예수스 다크뤼오"

(예수께서 눈물을 흘리시더라). 성경 전체에서 딱 한 번 쓰인 단어입니다. 예수님의 눈에서 눈물이 주르륵 흘러내렸다는 의미입니다. 사도 요한은 이 우시는 예수님을 기록할 수밖에 없었습니다. 그 모습이 너무도 처연했기 때문입니다.

여러분, 예수님이 왜 우신 걸까요? 이 자매가, 또 이곳에 있는 무리가, 아니 이 땅에서 사망에 붙들려 고통하는 인간들의 모습이 너무 불쌍했기 때문입니다. 동시에 이토록 큰 슬픔과 고통을 안겨 주는 사망과 그 사망을 만드는 죄에 화가 났기 때문입니다. 다시 정리해 보겠습니다. 예수님이 무엇에 화나셨고, 누구를 불쌍히 여기신 것입니까? 결단코 마르다와 마리아, 예수님을 따르던 무리가 보인 믿음 없는 모습 때문에 화나신 것이 아닙니다. 예수님이 화나신 이유는 그들을 절망하게 한 죄와 그 죄가 만드는 사망 때문이었습니다. 모든 인간을 두려워 떨게 만드는 사망, 믿음이 있음에도 믿음대로 반응할 수 없게 만드는 이 사망이 왕 노릇 하는 이 세상에 분통 터져 하신 것입니다. 그렇다면 여러분, 불쌍히 여기셨다는 것은 누구에 대한 것입니까? 죄와 사망 아래서 종노릇하는 이 땅의 모든 인생을 향한 긍휼인 것입니다. 나사로에 대한 것이었고, 동시에 사망 아래 있는 모든 인생을 향한 것이었단 말입니다. 그것이 예수님으로 하여금 눈물 흘리며 울게 만든 것입니다.

우리로 절망케 하는 '사망'이라는 적

마리아도, 마르다도 믿음 좋은 여인들이었습니다. 그런데 이 믿음의 여인들이 마치 입을 맞춘 것처럼 예수님에게 원망을 쏟아 놓고 있습니다. 입으로는 믿는다 했지만 전혀 믿지 않는 행동들을 하고 있습니다. 한 사람은 함께 있기를 피하여 물러나고, 다른 한 사람은 그 앞에서 고통으로 통곡만 하고 있습니다. 주님의 말을 들으려 하지도 않고, 주님의 위로를 받을 생각도 없었습니다. 그저 원망하고 슬퍼하며 통곡할 뿐입니다. 예수님은 사망을 이길 권세가 있음을 보이시기 위해 "무덤 입구의 돌을 옮기라"고 말하며 "구원을 보리라!"고 선언하셨습니다. 그런데 방금 전 부활을 믿는다던 마르다가 예수님을 말립니다. 죽어 썩은 냄새가 나는 인간은 절대로 살아날 수 없다는 것이지요.

이 믿음의 여인들이 이런 불신앙의 태도를 보이게 된 이유가 무엇일까요? 그것은 그들이 지금 사망 앞에 서 있기 때문입니다. 믿음의 부족 때문이 아닙니다. 사랑의 부족 때문도 아닙니다. 사망이 너무 크고 강해서입니다. 마리아의 문제도, 마르다의 문제도 아닙니다. 그 어떤 누구라도 그들과 비슷할 수밖에 없습니다. 죄와 사망이 그렇게나 강하기 때문입니다.

사망이 얼마나 강력합니까? 아무리 의지가 강한 사람이 "나는 죽지 않겠다" 말한다 해도, 죽음이 오면 죽을 수밖에 없습니다. 아무리 뜨거운 사랑을 해도, 남겨질 이를 위해 살겠다 해도, 죽음이 오면 죽어야 합니다. 세상에서 가장 높은 지성을 가지고 사망을 분석한 이도 사망이 찾아오면 두말할 것 없이 두려움에 떨다 죽습니다. 여러분, 사랑하는 사람들의 죽음을 곁에서 본 적이 있습니까? 저는 저를 키워 주신 할머니의 임종을 곁에서 봤습니다. 조금 전까지 그분은 제가 인생에서 가장 사랑하는 분이었습니다. 그런데 할머니에게 생기가 떠나자 저는 할머니의 손도 만질 수가 없었습니다. 본능적으로 사망이 두려웠기 때문입니다. 그것이 사망입니다. 그 어떤 인간의 힘으로 '사망'을 이길 수는 없단 말입니다.

사랑하는 성도 여러분, 우리는 많은 문제를 가지고 있습니다. 그런데 생각해 보니 인간사가 늘 그런가 봅니다. 항상 문젯거리를 안고 사는 것이지요. "가지 많은 나무에 바람 잘 날이 없다"는 말은 거의 진리입니다. 결코 이 땅을 사는 동안, 마음 놓고 편하게 하루를 살기가 쉽지 않지요. 그러나 그 많은 인생의 문제들 가운데 '사망'이 들어오면 어떻게 됩니까? 모든 문제는 사라지고 오직 사망만 보이게 됩니다. 그만큼이나 사망은 강력합니다. 그래서 여러분에게 힘주어 말씀드립니다. 당연히 인생의 수많은 문제를 어떻게 해결할 것인지도 중요합니다. 그러나 지금 내가 이 사망의 문제에 대한 답을 가지고 있는지는 그 어떤 문제들보다 중요합니다. 우리 생명은 과연 어떻게 될까요? 이 사망의 문제에서 우리는 자유한가요? 아담과 하와가 에덴에서 죄지은 후 하나님이 분명하게 말씀하셨습니다. "무트 타무트!"(반드시 죽으리라) 죄의 삯으로 인간에게 주어진 이 사망에 대한 답이 없다면, 우리는 가장 중요한 문제에 대한 답을 갖지 못한 불쌍한 인생인 것입니다.

우리를 부르시는 주님

예수님의 눈에는 마르다와 마리아, 그리고 사람들의 원망과 슬픔과 통곡 뒤에 있는 사망이 보였습니다. 예수님은 그 사망을 향해 분노하신 것입니다. 가슴에 불이 날만큼, 가슴이 아플 만큼 화가 나셨습니다. 얼마나 많은 영혼을 이 사망이 집어 삼켰는지를 생각하며 분노하셨습니다. 그리고 예수님은 눈을 돌려 그 사망 때문에 절망하는 사람들을 보셨습니다. 아담의 죄 이후에 모든 인류가 경험하는 거대한 슬픔, 그 비참함을 보신 것입니다. 그때 예수님의 눈에서 눈물이 흐르기 시작했습니다. 그 눈물이 예수님의 볼을 타고 흘러내렸습니다. 사망 아래 있는 인생들이 몹시 불쌍했던 것입니다. 아버지의 슬픔이 아들의 슬픔으로 이어진 것입니다. 아들은 인생들이 불쌍해서 하염없이 울었습니다.

예수님은 이제 마음을 정하셨습니다. 인간은 절대 이 사망을 이길 수 없다는 것을 확인하셨습니다. 믿음도 사랑도 이 사망을 이길 수 없었습니다. 인간은 결코 이 사망을 이길 수 없습니다. 그래서 결정하셨습니다. "내가 직접 이 사망의 머리를 깨겠다"고 말입니다. 이제 이어지는 요한복음 12-20장에 나오는 '십자가의 길'을 걷기로 말입니다.

이제 그분이 싸워야 할 분명한 적, 반드시 무너뜨려야 하는 그 대적을 향해 걸음을 옮기셨습니다. 그분은 무덤을 향해 주저 없이 다가가셨습니다. 그리고 사망에 매여 무덤 가운데 놓여 있던 나사로를 향해 외치셨습니다. "나사로야 나오라!" 여러분, 유사 이래 사망을 향해 이렇게 명령한 이가 없습니다. 아무리 잘난 사람도 사망 앞에서는 잠잠했습니다. 사망에 명령하는 이는 그 어디에도 없었습니다. 그런데 예수님이 지금 이 사망을 향해 외치신 것입니다. 그리고 그 외침이 무덤 가운데 있던 사망에 들렸을 때 사망은 패배했습니다. 죽은 자가 살아났습니다. 나사로가 살아난 몸으로 무덤을 걸어 나왔습니다. 이제까지 이 세계의 질서라고 생각되었던, 그 누구도 바꿀 수 없을 거라고 여겼던 그 사망의 법이 깨어진 것입니다. 이 말씀이 예수님 안에서 성취되었음을 깨달은 바울은 이렇게 부활의 능력을 선포합니다.

> 사망아 너의 승리가 어디 있느냐 사망아 네가 쏘는 것이 어디 있느냐 사망이 쏘는 것은 죄요 죄의 권능은 율법이라 우리 주 예수 그리스도로 말미암아 우리에게 승리를 주시는 하나님께 감사하노니(고전 15:55-57).

사랑하는 성도 여러분, 죄와 사망의 권세로부터 우리를 자유롭게 하기 위해 십자가에 달리신 우리 주님에게 감사하며 찬양을 올려드립시다. 오늘도 우리를 향해 우리 이름을 부르며, "누구누구야 나오라!" 말씀하시는 예수님을 만나시기 바랍니다. 무덤에서 일어나 사망을 뚫고 생명의 주님을 향해 나아가시기 바랍니다.

우리를 이 영원한 사망, 저주, 심판에서 건져 주신 주님에게 감사의 찬양을 올려드립시다. 부스러기가 아닌 생명의 떡으로 자신의 몸과 피를 내어 주신 그분의 그 사랑 앞에 감격합시다. 우리를 사랑하사 불쌍히 여기심으로 눈물 흘리시는 이 예수님을 사랑하며, 우리에게 주어진 하루하루를 살아갈 수 있기를 축원합니다.

도마

내 손을 그 옆구리에 넣어 보지 않고는
믿지 아니하겠노라

질문으로 의심을 통과하다

요 20:24-29

세 종류의 믿음

오스 기니스라는 신학자는 그의 책 「회의하는 용기」(복있는사람 역간)에서 믿음을 세 가지로 나누고 있습니다. 첫째는 회의하지 않는 믿음, 둘째는 회의하는 믿음, 셋째는 회의를 통과한 믿음입니다. 여기에 쓰이는 '회의'라는 단어를 '의심'이라는 단어로 바꿔 보면 조금 더 선명하게 이 믿음들이 무엇을 말하는지 알게 됩니다.

첫째, '의심하지 않는 믿음'은 순진한 믿음입니다. 어린아이 같은 믿음이지요. 제가 보기에는 초등학교 4학년 때까지 갖고 있는 믿음 같습니다. 그냥 예수님을 믿으라 하니 믿습니다. 하나님이 계신다 하니 그냥 믿습니다. 예수님이 널 위해 죽으셨다는 것도, 그분이 나의 구원자라는 것도 믿습니다. 성경 읽는 것도, 가정 예배를 드리는 것도, 교회 학교 선생님과 함께하는 반 모임도 아무 의심 없이 즐겁게 하는 상태입니다.

둘째, '의심하는 믿음'은 불안한 상태의 믿음입니다. 사실 믿음이라고 할 수 없는 상태이기도 하지요. 영적인 사춘기를 지나는 믿음입니다. 초등학교 고학년이 되면서 시작되기도 하고, 청소년기에 나타나기도 하며, 청년기나 인생에서 어떤 문제가 해결되지 않을 때, 시기와 관계없이 나타나는 경우도 있습니다. 이전까지 잘하던 신앙생활에 갑작스러운 회의를 느끼게 됩니다. 하나님이 정말 존재하시는지, 그분이 나를 사랑하시는지, 내가 이제까지 믿었다고 생각했던 것이 세뇌당해서 그런 것은 아닌지, 너무나 다양한 이유로 더 이상 신앙생활을 유지하기 어려운 때입니다. 이것을 이전 어르신들은 시험 들었다고 말했습니다. 이 시기에 오랜 신앙적 방황을 하게 되는 이도 있고, 이 시기를 지나며 영영 신앙으로 돌아오지 않는 이들도 있습니다.

셋째, '의심을 통과한 믿음'입니다. 오스 기니스는 '의심하지 않는 믿음'의 상태를 가장 좋은 것이라고 말하지 않습니다. 그가 가장 권장하는 믿음은 '의심을 통과한 믿음'입니다. 여러 신앙적인 고민이 생겼을 때 그 고민을 가지고 씨름해야 한다는 것입니다. 그 신앙적 고민의 답을 찾기 위해 얼마간의 방황도 필요하다는 것입니다. 신앙의 어른들은 그 시기를 보내는 이를 판단하거나 책망하지 말고, 기다려 줘야 한다고 말했습니다. 그래서 그 의심하던 이가 의심의 과정을 통과하는 시간을 보내면서 믿음의 질이 변한다는 것이지요. 순수하지만 순진한 어린 믿음에서 어른스러운 믿음, 견고한 믿음으로의 성장입니다.

여러분은 어떤 상태의 믿음 가운데 있습니까? 방금 이 세 가지 상태의 믿음에 관한 부류를 보면서 혹시 생각난 사람이 있지 않습니까? 오늘날 교회 안에 많은 이가 '의심하는 믿음'의 상태에 머물러 있습니다. 어떤 이들은 교회를 떠나서 의심하고 있습니다. 또 어떤 이들은 완전히 교회를 떠난 것은 아니지만 그의 삶을 보면 예수님을 인생의 주인으로 모시지 못한 채 살아갑니다. 이 장에서는 이 의심하는 믿음의 상태에서 그 다음 단계인 의심을 통과한 믿음의 상태로 나아간 한 인물과 그가 만난 예수님에 대해 살펴보겠습니다.

'의심 많은'이라는 수식어 이상의 도마

본문의 주인공은 '도마'입니다. 도마는 그냥 이름만으로 불리는 경우가 거의 없습니다. 많은 성도가 무의식적으로 도마 앞에 '의심 많은'이라는 수식어를 붙입니다. 예수님의 부활을 대놓고 의심했기 때문입니다. '의심 많다'는 것은 결코 긍정적인 표현이 아닙니다. 전통적으로 교회는 예수님의 열두 제자 중 가룟 유다와 도마를 반면교사로 삼아 가르쳤습니다. 배신하면 안 되고 의심하면 안 된다고 가르칠 때 거론되는 인물입니다. 과연 도마는 가룟 유다급의 빌런,

반면교사인 걸까요?

우리가 읽은 본문은 도마가 예수님의 부활을 믿게 되는 과정을 보여 줍니다. 도마 앞에 '의심 많은'이라는 수식어를 생기게 한 도마의 말이 있고 그 말에 반응하여 도마를 찾아오신 예수님이 있습니다. 결국에 도마는 이 사건을 통해 믿음을 갖게 되는 이야기이지요. 간략하게 도마가 어떤 인물이었는지 정리한 후, 본문 사건으로 들어가 보겠습니다. 사실 도마는 그렇게 눈에 띄는 제자가 아니었습니다. 사복음서에 도마와 관련된 에피소드는 딱 두 개뿐입니다.

처음으로 도마가 등장하는 곳은 요한복음 11장에서 예수님이 나사로를 살리시는 장면입니다. 예수님이 죽어 가는 나사로를 위해 베다니로 가겠다고 했을 때, 모든 제자가 반대했습니다. 예수님은 지금 자신을 죽이려는 이들을 피해 요단강 동편 모압 지역으로 피신 나온 상황이었기 때문입니다. 제자들은 강하게 반대하며 "또 그리로 가시려 하십니까?"라고 물었습니다. 예수님은 그렇게 반대하는 제자들을 향해 "가자!"고 명령하셨습니다. 제자들은 도무지 발걸음이 떨어지지 않았습니다. 그때 도마가 말했습니다. "우리가 주와 함께 죽으러 가자!"(요 11:16) 모두가 주저하는 순간, 도마가 믿음으로 반응한 것입니다. "예수님이 가시려는 길이 비록 죽음의 길이라 할지라도 제자인 나는 당신을 따르겠다"는 것이지요. 도마는 그 상황에서 예수님을 떠나 사는 것보다 예수님과 함께하는 죽음을 선택하는 용기를 보여 준 제자입니다.

그다음으로 도마가 등장하는 곳은 요한복음 14장에서 예수님이 자신의 죽음에 관하여 말씀하시는 장면입니다. 예수님이 자신의 죽음을 말씀하시며, "너희가 찾아도 찾지 못하는 곳으로 간다"고 말씀하셨습니다. 예수님은 그것을 아버지께로 가는 것이라 말씀하셨는데, 갑작스럽게 도마가 그게 뭘 의미하는지 질문한 것입니다. 다른 제자들도 예수님의 말씀을 알아듣지 못했습니다. 제자들은 예수님이 말씀하시는 고난과 죽음에 대한 이야기가 싫었습니다. 그 내용이 이해되지 않았음에도 따로 질문하지 않았습니다. 예수님의 고난과 죽음이라는 진실을 직면할 용기가 없었기 때문이지요. 그런데 도마는 이 순간 더 정확하게 알려 달라고 예수님에게 질문했습니다. 도마는 위장된 평화가 아니라 진실을 원했습니다. 그리고 그 진실을 알기 위한 용기도 가지고 있던 사람이었습니다.

　요한복음 앞부분에 나오는 도마에 대한 이 이야기들은 우리가 일반적으로 가지고 있던 도마에 대한 생각이 바뀌어야 함을 말해 줍니다. 도마는 '의심 많은'이라는 수식어 하나로 설명할 수 있는 사람이 아닙니다. 도마는 현실주의자이지만 동시에 예수님을 사랑하는 사람이었습니다. 그는 현실을 직시하는 사람이었고, 옳은 것이라면 거기에 자신의 생명을 걸 수도 있는 사람이었습니다. 이 정도의 이해를 가지고 본격적으로 부활하신 예수님을 만난 도마 이야기를 살펴보겠습니다.

나는 부활을 믿지 않겠노라

> 열두 제자 중의 하나로서 디두모라 불리는 도마는 예수께서 오
> 셨을 때에 함께 있지 아니한지라(요 20:24).

예수님이 부활하셨습니다. 부활한 몸으로 은신처에 모여 있던 제
자들을 찾아오셨습니다. 그런데 하필 그 시간, 그 자리에 도마는없
었습니다. 제가 생각하기에 도마가 거기에 제자들과 함께 있지 않
았던 것은 도마의 성격 탓입니다. 도마같이 냉철하고, 의지적이며,
발생할 수 있는 상황 중에 부정적인 면을 먼저 보는 유형의 사람들
은 심각한 문제가 발생하면 그것을 숙고할 개인적인 시간이 필요하
기 때문입니다. 그렇게 혼자서 자신에게 일어난 일을 분석하고, 이
후 어떻게 행동해야 할지를 정한 후에야 다른 사람들을 만날 수 있
었던 사람입니다. 그렇게 도마가 혼자서 상황을 정리하고 다른 제
자들에게 돌아왔을 때입니다. 제자들이 도마를 붙들고 흥분해서 소
리 소리를 지릅니다. '예수님이 부활하셨고, 방금 자기들에게 나타
나셨다'는 겁니다. 도마는 이 말을 믿을 수 없었습니다.

> 다른 제자들이 그에게 이르되 우리가 주를 보았노라 하니 도마
> 가 이르되 내가 그의 손의 못 자국을 보며 내 손가락을 그 못 자
> 국에 넣으며 내 손을 그 옆구리에 넣어 보지 않고는 믿지 아니하
> 겠노라 하니라(요 20:25).

아주 단호합니다. "나는 너희가 하는 말을 못 믿겠다!"입니다. 우리는 도마의 이 대답 때문에 도마를 진짜 믿음 없는 제자, 수준 낮은 제자로 생각해 왔습니다. 그런데 여러분, 절대로 도마가 수준 낮았던 것이 아닙니다. "죽은 자가 살아났다"는 사실은 인간이 믿을 수 있는 종류의 지식이 아닙니다. 여러분은 예수님이 부활하셨다고 믿으십니까? 어떻게 믿을 수 있습니까? 만약 가족 중 한 사람이 죽은 후 3일 후에 부활했다고 누가 말해 준다면, 여러분은 그 말을 믿을 수 있습니까? 여러분을 둘러싼 모든 이가 "3일 전 무덤에 묻혔던 그 사람이 살아났어"라고 말한다면, 여러분은 믿을 수 있겠느냐는 겁니다.

예수님이 부활하시기 전 시대를 살았던 제자들의 심정을 생각해 보십시오. 인류 역사상 단 한 명도 부활한 적이 없습니다. 죽음을 이긴 자가 단 한 사람도 없었습니다. 다 죽었습니다. 죽으면 끝입니다. 절대 다시 살아나는 경우는 없습니다. 종종 거의 죽었다가 소생되는 경우는 있을 수 있습니다. 그러나 그것은 죽은 것이 아니라 거의 죽은 상태까지 간 것뿐입니다. 완전히 죽었던 자가 살아난 경우는 한 번도 없었습니다. 그런데 지금 그 모든 인류 역사를 깨고, 우리가 아는 그 한 사람이 죽었다가 살아났다는 겁니다. 그걸 지금 믿으라고 하는 것이지요. 여러분이라면 그 말이 믿어질까요?

다른 제자들도 얼마 전까지 예수님의 부활을 믿지 않았습니다. 예수님의 시신을 염하려고 간 여인들이 무덤이 비어 있고, 예수님이 거기에 없다는 것을 제자들에게 이야기해 주었습니다. 무덤이 비어 있는 것과 예수님을 감싼 세마포와 두건이 벗겨져 있는 것을 베드로와 요한이 직접 두 눈으로 봤습니다. 무덤가에 남아 사라진 예수님의 시신 때문에 울고 있던 막달라 마리아는 천사들과 함께 부활하신 예수님을 만났다고 제자들에게 말했습니다. 엠마오로 가던 두 제자도 길에서 만난 예수님 때문에 다시 예루살렘으로 돌아와 예수님의 부활 소식을 전했습니다. 그런데 여러분, 이렇게 많은 증거와 증인이 있었지만 제자들은 그때까지도 예수님의 부활을 믿지 않았습니다. 자신들이 알지 못하는 어떤 일이 지금 진행되고 있다는 느낌 때문에 불안해하며, 은신처에 숨어 있었을 뿐입니다.

제자들은 예수님의 부활을 믿지 않았고, 믿을 수도 없었습니다. 부활은 다른 이들의 말에 의해 믿을 수 있을 만한 사건이 아니기 때문입니다. 그런데 그들은 지금 부활을 믿고 있습니다. 어떻게 그럴 수 있습니까? 부활하신 예수님이 친히 그들을 찾아와 부활한 자신을 보여 주셨기 때문입니다. 도마가 다른 제자들의 말을 듣고, 예수님의 부활을 믿지 못한 것은 어쩌면 너무도 당연한 것입니다.

나도 부활하신 예수님을 직접 만나고 싶다

도마는 이 상황에서 낙심하는 것으로 물러서지 않습니다. 도마는 그 상황에서 외쳤습니다. "나는 부활하신 예수님의 손에 있는 못 자국과 창에 의한 옆구리의 상처를 보고, 또 그 안에 손을 넣어 봄으로 부활하신 예수님을 믿겠다." 도마가 이렇게 외친 이유는 무엇일까요? 자신도 다른 제자들처럼 예수님을 만나 보고 예수님의 부활을 믿고 싶다는 것입니다.

그렇다면 도마는 왜 예수님의 몸에 있는 상처를 이야기했던 걸까요? 도마는 왜 예수님의 손과 옆구리에 그토록 집착한 걸까요? 얼굴이나 목소리나 체형이 아니라 왜 하필 손의 못 자국과 옆구리의 창 자국이냐는 겁니다. 도마가 생각하기에 '부활하신 예수님의 가장 확실한 증거'가 그 상처들이기 때문입니다.

예수님의 손과 옆구리의 상처는 왜 생겼습니까? 우리를 사랑하사 끝까지 사랑하셨기 때문에 생긴 상처입니다. 우리를 위해 우리 죄의 형벌인 하나님의 모든 진노를 그 몸으로 감당하시면서 생긴 상처입니다. 십자가에 달리시면서 생긴 못 자국이며, 죽음을 확인받기 위해 찔린 창 자국입니다. 우리를 향한 주님의 사랑과 희생의 증거가 바로 이 상처들입니다. 도마에게 예수님의 상처는, 내 앞에 서 있는 그가 '나를 사랑하사 나를 위하여 죽으신 그 예수님임을 확인하는 증거'인 것입니다. 도마는 그 상처를 가진 예수, 여전히 이 상처를 가진 채 부활하신 예수님을 몹시 만나고 싶었던 것입니다. 도마는 예수님의 부활을 정말로 재대로 믿고 싶었습니다. 도무지 자신의 이해로는 믿을 수가 없었습니다. 그래서 다른 제자들에게 예수님이 찾아와 주신 것처럼, 오늘 내게 다시 찾아와 달라 외친 것입니다.

여러분, 우리는 어떻습니까? 예수님의 부활을 믿으십니까? 어떻게 믿으십니까? 진짜 예수님이 살아나신 겁니까? 지금 그분은 살아나셔서 내 기도를 들으시는 분입니까? 정말 그분은 나의 보호자 되시고 인도자 되시고 목자 되십니까? 혹시 믿기지 않는데 믿는다고 스스로 우기고 있는 건 아닙니까? 솔직해져도 괜찮습니다. 믿어지지 않으면 믿어지지 않는다고 말해서도 됩니다. 믿어지진 않지만 믿고 싶다고 기도하면 됩니다. 제발 나도 부활하신 주님을 만나고 싶다고, 나도 부활하신 예수님의 찾아오심을 경험하고 싶다고 기도하면 된다는 겁니다. 오늘 솔직하게 나의 의심을 고백하고, 이 의심의 영역 가운데 찾아오실 주님을 구하심으로, '의심하지 않는 믿음'이 아니라 '의심을 통과한 믿음'의 자리로 나아가는 성도 되시기 바랍니다.

도마에게 찾아오신 예수

예수님은 도마의 외침을 들으셨습니다. 그리고 한 주가 지난 후, 도마가 제자들과 함께 있을 때, 그 모임의 자리 가운데 나타나셨습니다. 그리고 정확하게 도마를 바라보시며 이렇게 말씀하셨습니다.

> 도마에게 이르시되 네 손가락을 이리 내밀어 내 손을 보고 네 손을 내밀어 내 옆구리에 넣어 보라 그리하여 믿음 없는 자가 되지 말고 믿는 자가 되라(요 20:27).

예수님은 도마의 외침을 들으셨습니다. 도마의 의심은 분명 '의심하기 위한 의심'이 아니었습니다. 도마는 제대로 믿고 싶었습니다. 그런데 믿어지지가 않았던 겁니다. 주변에 있는 다른 제자들이 아무리 자기를 설득하려 해도 설득되지 않았던 것입니다. 도마는 믿는 척하고 싶지 않았습니다. 도마는 솔직하게 제발 내게도 나타나 달라고 외쳤던 겁니다. "제발 나도 부활하신 예수님을 만나게 해주세요. 만나서 정말 당신이 내가 생각하는 그분인지 알게 해주세요!" 이것이 도마의 기도였습니다.

예수님은 도마의 기도를 이미 들으셨습니다. 그곳에 오신 예수님이 가장 먼저 하신 일은 도마의 기도에 응답하시는 것이었습니다. 예수님이 도마를 보시고 도마를 향해 다가가셨습니다. 예수님의 얼굴에는 미소가 가득했습니다. 단 한 사람, 도마 앞에서 도마를 향해 말씀하셨습니다. "도마야, 네 손가락을 이리 내밀어 내 손을 보고, 네 손을 내밀어 내 옆구리에 넣어 보아라. 그리하여 이제 믿는 자가 되어라."

도마는 다가오시는 예수님의 얼굴을 봤습니다. 자신을 향한 못자국 난 손을 봤습니다. 그분 옆구리에 있는 깊은 상처의 흔적을 봤습니다. 굳이 손 내밀어 그 상처를 만지지 않아도 알 것 같았습니다. 그분은 나를 위해 십자가에 달려 죽으신, 틀림없는 예수님이었습니다. 사망을 이기고 부활하신 내 주님이었습니다. 이제 도마는 부활을 믿었습니다. 사망을 이기신 왕, 그리고 나의 비명 같은 기도를 들으신 나의 주께서, 지금 나에게 찾아와 주셨기 때문입니다. 도

마는 주님 앞에 엎드렸습니다. 그의 입에서, 그가 할 수 있는 최고
의 고백이 흘러나왔습니다.

> 도마가 대답하여 이르되 나의 주님이시요 나의 하나님이시니이
> 다(요 20:28).

　성도 여러분, 우리가 천국에 가면 만나게 될 그 많은 이 가운데
서 예수님을 알아볼 수 있을까요? 걱정하지 마십시오. 우리가 그분
을 찾기 전에 그분이 우리를 먼저 찾을 것이기 때문입니다. 그리고
그분이 다가오시면 우리는 그분을 단번에 알아볼 것입니다. 우리를
향해 내미시는 그분 손에 난 못 자국이 있을 것이기 때문입니다. 우
리를 안아 주시는 그분의 옆구리에 창 자국이 선명할 것이기 때문
입니다. 우리를 향한 주님의 사랑과 희생의 훈장이 바로 그 상처이
기에, 주님은 그 상처를 부활하신 자신의 몸에 남겨 두셨습니다.

　저는 천국에서 주님을 만나면, 가장 먼저 주님의 손을 볼 것입니
다. 그 손에 난 큰 구멍을 볼 것입니다. 저는 천국에서 만난 주님에
게, 옆구리를 한 번 만져 봐도 되느냐고 여쭤 볼 것입니다. 주님이
허락하시면, 자신의 물과 피를 다 쏟았던, 그 구멍 난 옆구리 상처에
제 손을 넣어 볼 것입니다. 그리고 나의 믿음이 틀리지 않았고, 나
의 삶이 잘못되지 않았으며, 내가 전했던 것이 진리였음을 거기서
확신할 것입니다. 흐릿했던 모든 것이 선명해질 것입니다. 그 상처
를 만지며 이렇게 고백할 것입니다. "주님은 정말 나를 사랑하셨습

니다. 주님은 정말 나를 위해 죽으셨습니다. 주님은 정말 부활하셨고, 이 부활하신 주님은 나를 영원토록 인도하실 것입니다. 이 상처가 그 모든 사랑의 증거입니다. 당신은 나의 주시고 나의 하나님이십니다."

여러분, 우리가 만나고 싶은 분이 바로 이분 아닙니까?

주님의 상처를 가진 주의 백성

부활하신 주님의 손과 발, 옆구리에 있는 상처는 우리에게 많은 것을 생각하게 합니다. 그러나 생각으로 끝난다면 그건 부활을 아직다 모르는 것입니다. 주님은 우리에게 부활을 살라 명령하는 분이기 때문입니다. 성도 여러분, 그럼 우리는 어떻게 부활을 살아야 할까요? 성경은 이 땅의 교회가 '그리스도의 몸'이라 증거합니다.

교회는 그의 몸이니 만물 안에서 만물을 충만하게 하시는 이의 충만함이니라(엡 1:23).
너희는 그리스도의 몸이요 지체의 각 부분이라(고전 12:27).

교회는 '그리스도의 몸'입니다. 다시 말해, 우리가 '그리스도의 몸'입니다. 그렇다면 우리가 '그리스도의 몸'이라는 증거는 무엇입니까? 우리가 주님을 사랑하기 때문에 생기는 '상처들'입니다. 우리가 주님의 부활하신 몸에 있는 상처를 통해, 주님의 사랑을 확인할 수 있는 것처럼, 주님도 우리가 주님을 사랑하기 때문에 생긴 상처로 주님을 향한 우리 사랑을 확인하신다는 것입니다.

우리는 상처받고 손해 보는 것을 싫어합니다. 그리스도 때문에 당하는 고통이 없으면 좋겠다고 생각합니다. 그런데 여러분, 상처가 없으면 증거도 없습니다. 주님 때문에 받은 상처가 없는 사람은 주님을 위한 자기 사랑을 증명할 수 없습니다. 십자가 없는 빈 무덤은 없습니다. 우리에게 필요한 것은 상처입니다. "부활을 산다"는 것은 그 영광스러운 상처를 우리 몸과 마음과 삶에 새겨 가는 삶의 다른 표현입니다.

사랑하는 성도 여러분, 부활하신 예수님을 믿을 수 없는 이가 있다면, 부활하신 우리 예수님에게 솔직하게 "제발 내게 오셔서 나를 만나 달라"고 간청하시기 바랍니다. 주께서 우리 기도를 들으시고 우리에게 오실 것입니다. 그 주님을 만나고 의심의 자리에서 벗어나 믿는 자가 되시기를 바랍니다. 우리 주님의 손과 발에 있는 상처를 통해 주님이 나를 어떻게 사랑하시는지 깨달아 경험하고, 그 앞에 엎드려 "나의 주 나의 하나님"을 온전히 높여 드릴 수 있는 인생 되기를 바랍니다. 나를 위해 상처받으신 우리 주님을 따라 주님의 남은 고난을 내 몸에 채우며 사랑 때문에 상처도 기꺼이 받으시기 바랍니다. 주님이 맡기신 사명, 주님이 하라 하신 사랑과 섬김으로 이 땅을 살아갈 수 있기를 축원합니다.

막달라 마리아

여자여 어찌하여 울며
누구를 찾느냐

사랑, 증인의 가장 큰 조건

요 20:11-17

우리는 모두 주가 필요해

문제가 너무 어렵거나 너무 많을 때는 그 문제를 하나하나 해결하는 것이 아니라 그 문제의 중심, 가장 본질적인 것을 붙들어야 합니다. 성도인 우리에게 인생에서 가장 중요한 본질은 예수 그리스도입니다. 그런 의미에서 우리는 계속 성경 속 예수님의 이야기와 그 예수님을 만난 이들의 이야기를 살펴보겠습니다.

기본적으로 성도는 예수님에 대한 공통적인 마음이 있습니다. 예수님을 인격적으로 만나고 싶다는 마음입니다. 예수님을 믿지 않는 건 아닙니다. 그렇다고 또 완벽하게 예수님을 믿는 것도 아닙니다. 늘 어느 정도의 의심이 있습니다. '내게도 확신이 있으면 좋겠다'고 생각합니다. 성경 인물들이나 간증하는 사람들처럼 예수님이 내 인생에도 찾아와 주셔서, 내 삶이 완전히 새로워지기를 원하는 마음이 있습니다. 그래서 "예수님을 만나고 싶어요"는 남녀노소를 막론하고 많은 성도의 기도 제목입니다. 그렇다면 여러분, 예수님은 어떤 이의 기도에 반응하실까요? 주님을 인격적으로 만난 이들의 공통점이 있다면 무엇일까요?

기독교 신앙의 기본이 되는 두 개의 사건은 십자가와 부활입니다. 이 두 사건을 빼고는 기독교를 설명할 수 없습니다. 그리고 이 두 사건이 실제로 일어난 일임을 보여 주기 위해 성경은 여러 증인을 제시합니다. 십자가 사건은 많은 이가 보는 앞에서 진행된 공개처형이기 때문에 수많은 증인이 있습니다. 그런데 문제는 부활입니다. 예수님이 죽었다가 살아나시는 과정을 본 자는 없습니다. 예수님이 무덤에서 걸어 나오시는 장면을 본 증인도 없습니다. 빈 무덤뿐입니다. 주님은 부활에 관한 증인이 필요합니다. 누군가가 이 부활을 사람들에게 증언해야 하기 때문입니다. 이것은 영광스러운 직책입니다. 사망을 이긴 생명의 주님을 증거 하는 일은 아무나 할 수 있는 일이 아닙니다. 오직 부활하신 주님을 만난 사람만 할 수 있는 일입니다.

막달라 마리아는 부활하신 예수님을 가장 먼저 만난, 부활의 첫 번째 증인이 됩니다. 과연 예수님은 무엇 때문에 이 여인을 그 중대한 부활의 첫 증인으로 삼으신 걸까요? 이 장에서는 예수님이 부활하신 날 새벽에 있었던 사건을 다루어 보면서 우리 주님이 누구에게 찾아와 자신을 보이시는지 함께 살펴보도록 하겠습니다.

누가 부활의 증인이 되는가

본문의 사건은 예수님이 십자가에 달려 죽으신 지 3일째 되는 날 새벽에 예수님의 시신을 안장했던 무덤 앞에서 일어난 일입니다. 예수님은 잡히시기 전 제자들에게, '자신의 고난과 부활'에 관하여 말씀하셨습니다. 그러나 제자들 가운데 이 부활의 가르침을 기억하는 자가 없었습니다. 제자들은 예수님이 유대의 정치적인 왕이 될 것이라 믿었습니다. 예루살렘으로 올라갈 때, 수많은 이가 나와 예수님을 향해 환호하는 것을 보면서 그들은 그들의 믿음대로 될 거라고 확신했습니다.

그런데 갑자기 상황이 바뀌어 예수님이 잡혀 갔고 잡히신 지 하루 만에 십자가에 달려 죽으셨습니다. 제자들은 몹시 큰 충격을 받았습니다. 자신들의 기대와 미래에 대한 소망이 완전히 무너져 버렸습니다. 그들이 예수님이 생전에 하셨던 부활에 대한 말씀을 기억하지 못하는 것은 어쩌면 너무나도 당연합니다.

장사한 지 3일째 되는 날 새벽입니다. 예수님을 사랑한 몇 명의 여인이 예수님의 무덤에 향료를 가지고 갔습니다. 안식일 때문에 돌아가신 예수님 시신을 제대로 염하지 못했기 때문입니다. 물론 그 여인들 가운데 누구도 예수님의 부활을 염두에 둔 사람은 없었습니다. 예수님은 너무도 참혹하게 돌아가셨기 때문입니다. 그런데 여인들이 도착했을 때, 무덤 입구는 열려 있었고, 지키는 자들도 사라졌고, 그 무덤 안에 있어야 할 예수님의 시신도 사라졌습니다. 여인들은 '예수님의 시신을 도난당했다'고 생각하고 급히 돌아가 다른 제자들에게 상황을 전했습니다. 베드로와 요한이 그 여인들의 말을 듣고, 직접 무덤에 와서 무덤이 비어 있음을 확인했습니다. 그들은 이 알 수 없는 일에 두려워하며 자신들의 은신처로 돌아갔습니다. 단 한 사람, 막달라 마리아를 제외하고 말입니다. 조금 지난 후 부활하신 예수님은 이 막달라 마리아에게 찾아오십니다.

예수님의 선택, 막달라 마리아

여러분, 부활하신 예수님이 막달라 마리아를 처음으로 만나 주신 이유가 뭘까요? 어떤 이들은 막달라 마리아가 예수님의 애인이었기 때문이라고 말합니다. 이것은 성경과 무관한 소설 같은 상상입니다. 그런데 꽤나 많은 사람이 이 소설 같은 이야기를 믿습니다. 그러나 여러분, 성경 어디에도 그런 내용이 나와 있지 않습니다.

상식적으로, 예수님이 부활했다면 가장 먼저 만나야 할 사람은 그의 어머니 마리아입니다. 자식이 공개적으로 십자가에 달려 비참하게 죽어 가는 모습을 본 어머니입니다. 태어난 아기를 데리고 처음으로 성전에 갔을 때 만났던 시므온의 예언이 성취된 것입니다.

칼이 그 가슴을 찌르는 것 같았습니다. 어머니 마리아는 지금 제정신이 아닐 것입니다. 예수님이 육신의 어머니를 찾아가 부활한 몸을 보이시고 위로하는 것이 자식 된 도리인 것 같습니다. 그런데 예수님은 자신의 어머니 마리아에게 찾아가지 않으셨습니다.

예수님이 더 효과적으로 자신의 부활을 증언할 사람을 세워야 했다면 제자들에게 가서야 했습니다. 따랐던 스승의 십자가 처형을 본 제자들의 마음은 지금 대단히 불안한 상태입니다. 혹시라도 불똥이 튀면 그들도 잡혀 십자가에 달리기 때문입니다. 조금만 더 시간이 지나도 이들은 뿔뿔이 흩어져 버릴 것입니다. 그런데 예수님은 그 제자들보다 막달라 마리아를 먼저 만나셨습니다. 도대체 왜 막달라 마리아인 겁니까?

사실 막달라 마리아는 예수님 부활의 증인이 되기에는 결격 사유가 있습니다. 유대인의 법으로 어떤 일에 관하여 효력 있는 증언이 되려면, 두 사람 이상의 성인 남자가 그 일에 관하여 같은 말을 해야 합니다. '두 명 이상', '성인 남자', '같은 말'이라는 조건이 맞아야 그 증언을 법적인 것으로 인정했다는 것입니다. 그런데 막달라 마리아는 그 조건과 전혀 일치하지 않는 사람이었습니다.

우선, 막달라 마리아는 혼자입니다. 부활하신 예수님을 혼자 만났습니다. 그와 함께 같은 것을 증언할 다른 증인이 없는 것이지요. 그리고 막달라 마리아는 여성입니다. 당시 여성의 사회적 지위는 매우 낮았습니다. 그래서 여자가 하는 말은 법정에서 증언으로 채택될 수 없었습니다. 거기에다 막달라 마리아는 정상이라고 불리는 이들과는 다른 이력까지 가지고 있었습니다. 성경에 막달라 마리아에 대한 소개는 딱 한 문장 나오는데 다음과 같습니다.

> 악귀를 쫓아내심과 병 고침을 받은 어떤 여자들 곧 일곱 귀신이 나간 자 막달라인이라 하는 마리아와(눅 8:2).

'막달라 마리아' 하면 떠오르는 이력이, 바로 일곱 귀신 들린 적이 있는 여자입니다. 현대적인 표현으로 바꾸면 심각한 정신 병력을 가지고 있는 여인이지요. 이런 여인 하나가 3일 전에 죽은, 사랑하는 이의 무덤에 다녀오더니, 그 무덤에 있던 이가 살아나서 자기에게 말을 걸었다는 내용을 전한다고 생각해 보십시오. 과연 그 여자의 말을 사람들이 믿을 수 있을까요? 아무도 믿지 못할 것입니다. 그래서 막달라 마리아가 예수님의 부활을 보고 제자들에게 돌아와 예수의 부활을 전했을 때, 아무도 그 말을 믿지 않았던 것입니다. 너무 힘들어서 막달라 마리아의 고질병이 또 도졌구나 생각했을 것이란 말입니다. 막달라 마리아는 증인으로서 전혀 가치 없는 여인이었습니다. 그래서 우리는 다시 물어야 합니다. "예수님은 왜 이렇게 증인으로서 흠 많은 막달라 마리아를 부활의 첫 증인으로 세우셨을까?"라고 말입니다.

그날 새벽 마리아는?

> 마리아는 무덤 밖에 서서 울고 있더니 울면서 구부려 무덤 안을
> 들여다보니(요 20:11).

그 새벽에 막달라 마리아가 한 것은 '울고 울고 우는 것'이었습니다. 예수님의 시신을 한 번 보려고, 예수님의 마지막 가시는 길에 향품을 부어 드리려고 다른 여인들과 함께 무덤에 갔습니다. 막상 무덤에 도착했는데 있어야 할 예수님의 시신이 없었습니다. 놀라서 제자들에게 뛰어갔고 제자들과 함께 무덤으로 돌아왔지만 여전히 시신을 찾을 수 없었습니다. 얼마간 예수님의 시신을 찾던 제자들이 이제 모두 그 자리를 피해 돌아갔습니다. 이 일이 도대체 어떻게 진행될지 알 수 없었기에 일단 은신처에 숨어 상황을 보려 한 것입니다. 그런데 모두가 돌아간 그 무덤 앞에 한 여인, 막달라 마리아가 남았습니다.

시간은 '새벽 아직 해 뜨기 전'입니다. 해가 뜨기 전 가장 어두운 시간이라는 의미입니다. 그는 지금 이 캄캄한 시간에 인적이 전혀 없는 곳, 마을 밖 무덤 입구에서 울고 있는 겁니다. 그는 소리 내어 통곡하고 있습니다. 이 이야기를 성경이 아닌 다른 곳에서 읽었다고 상상해 보십시오. 이것은 공포물의 한 장면일 것입니다.

여기에 '울다'로 번역된 헬라어 '클라이오'(κλαίω)는 '눈물을 뚝뚝 흘린다' 정도의 의미가 아닙니다. 이 단어는 소리 내어 크게 통곡하

는 것을 의미합니다. 우리가 만약 이 무덤 앞에서 그날의 막달라 마리아를 본다면 아마 대부분은 이전 날 마리아를 지배했던 일곱 귀신이 다시 들어온 것이 아닌지 두려울 정도였을 것입니다. 아무리 생각해도 정상이 아니기 때문입니다.

아무도 없는 무덤가에서 캄캄한 새벽에 여자 혼자 있는 것은 매우 위험합니다. 무덤을 지키던 로마 군인들에게 어떤 일을 당할지 알 수 없습니다. 산적이나 부랑자들을 만날 수도 있습니다. 아니면 승냥이와 들개 같은 짐승들에게 공격당할 수도 있습니다. 그런데 여러분, 지금 막달라 마리아가 그런 것은 전혀 의식하지 않고 그 앞에 엎드려 대성통곡하고 있는 것입니다. 왜 그랬습니까? 다 돌아갔는데 왜 이 여인은 돌아가지 않았습니까? 아무도 울지 않는데 그는 지금 왜 울고 있는 것입니까? 운다고 사라진 시신이 돌아올까요? 운다고 문제가 해결됩니까? 아무리 크게 울어도 시신이 돌아오지는 않습니다. 지금 이 여인의 울음은 사실 아무짝에도 쓸모없는 울음이란 말입니다. 다시 한 번 묻고 싶습니다. 이 여인은 왜 이렇게 울고 있는 걸까요?

막달라 마리아는 예수님이 잡혀가시는 날 하루 종일 울었습니다. 예수님이 십자가에 달리셔서 죽어 가시는 그 십자가 앞에서 또 한없이 울었습니다. 예수님이 운명하셨을 때, 그리고 그분의 시신이 묘에 들어갈 때, 그녀는 통곡했습니다. 지난 3일 내내 무덤에 들어가신 주님을 생각하며 울었습니다. 3일이 지난, 안식 후 첫날 막달라 마리아는 다른 이들과 함께 예수님의 무덤을 찾았습니다. 죽어서 썩어 가는 주님의 얼굴이라도 한 번 더 보고, 그 차갑디 차가운 손이라도 한 번 더 잡아 보고, 그 마지막 가시는 길을 위한 향료라도 부어 드리고 싶어서 간 것입니다. 그런데 그곳에 있어야 할 주님의 시신이 없는 것입니다. 그나마 지난 3일을 견디게 해준 것이 이렇게라도 주님의 모습을 한 번 더 볼 수 있을 거라는 기대였는데, 예수님의 시신이 사라져 버린 것입니다.

그 여인은 그 자리에 엎드려 통곡하기 시작했습니다. 그 울음은 함께 온 여인들이나 다시 찾아온 베드로와 요한에 의해서도 멈출 수 없었습니다. 새벽의 어둠이나 무덤의 음산함, 짐승이나 로마 군인들의 위험도 울음을 멈추게 할 수 없었습니다. "합리적으로, 이성적으로 생각하라"는 이들의 권면도 들리지 않았습니다. 그 여인은 그날 새벽, 예수님의 무덤 앞에서 온 세상이 끝난 것처럼 처절하게 울고 있었습니다.

구원받은 죄인임을 정확하게 아는 자

막달라 마리아는 왜 이렇게 울었던 것일까요? 예수님을 사랑했기 때문입니다. 사랑하되 정말 많이 사랑했던 것입니다. 그렇다면 마리아는 왜 그렇게나 예수님을 깊이 사랑했을까요? 예수님이 자신을 얼마나, 또 어떻게 사랑하셨는지 정확하게 알고 있었기 때문입니다. 내가 어디에서 어떻게 건짐을 받았는지를 기억하고 있었기 때문입니다.

막달라 마리아는 일곱 귀신이 들렸던 여자였습니다. 일곱은 '완전'을 의미하는 숫자입니다. 다시 말해, 막달라 마리아는 귀신으로 충만했던 인생이었습니다. 온전한 정신을 유지할 수 없었던, 귀신에게 사로잡혀 사는 여자였습니다. 모든 이가 그를 두려워했고 피했습니다. 간간히 정신이 돌아오는 때가 있습니다. 그때 그는 자신의 비참한 상태 때문에 또 울어야 했습니다. 그에게는 아무런 소망이 없었습니다. 그런데 그 인생에 예수님이 찾아오신 것입니다. 예수님이 그 안에 있던 귀신들을 쫓아내시고, 자신의 제자 중 하나로 받아 주신 것입니다. 사람답게 살 수 없었던 마리아가 사람답게 살 수 있게 된 것입니다. 예수님 때문에 새로운 인생을 살게 된 것입니다. 생명을 선물로 받은 것입니다.

> 이르시되 빚 주는 사람에게 빚진 자가 둘이 있어 하나는 오백 데나리온을 졌고 하나는 오십 데나리온을 졌는데 갚을 것이 없으므로 둘 다 탕감하여 주었으니 둘 중에 누가 그를 더 사랑하겠느냐 시몬이 대답하여 이르되 내 생각에는 많이 탕감함을 받은 자니이다 이르시되 네 판단이 옳다 하시고(눅 7:41-43).

막달라 마리아는 자신이 얼마나 많은 것을 탕감받았는지 아는 자였습니다. 그래서 주님을 더 많이 사랑했던 것입니다. 몹시 사랑한 나머지 주님의 시신이 사라졌다는 것, 주님의 시신을 다시 보지 못한다는 것, 주님의 시신에 온전하게 향료를 부어 주지 못한다는 것이 참을 수 없는 슬픔이고 고통이어서 그렇게 그 밤에 통곡하며 무덤 앞에 엎드려 있었던 것입니다. 그날 그 시간, 막달라 마리아는 예수님을 온 우주에서 가장 많이 사랑한 자였습니다.

우리는 주님을 얼마만큼 사랑합니까? 우리가 주님을 사랑하지 않는 가장 큰 이유는, 내가 얼마나 비참한 상태에 있었는지, 그런 나를 건지기 위해 우리 주님이 얼마나 큰 희생을 치르셨는지 모르기 때문입니다. 우리 주님이 우리를 얼마나 사랑하셨는지 모르는 것이지요. 주님의 구원에 관하여 안다고 하지만 사실은 모르는 것입니다. 그 주님이 오늘도 우리와 함께하시며 우리 생을 지키고 돌보고 계시는데도 그것을 느끼지 못합니다. 늘 주님은 멀리 계시고, 자고 계시고, 내게 관심 없는 분이라고 생각합니다. 나를 위해 주님이 지금도 일하고 계심을 믿지 않습니다. 나를 위한 주님의 사랑을 모릅니다. 그 결과 나도 주님을 사랑하지 않게 됩니다. 주님 밖에 있었을 때의 나의 비참을 알고, 우리 주님이 우리에게 어떤 사랑을 베푸셨는지 앎으로, 우리가 마땅히 내어 드려야 할 사랑을 주님에게 내어 드릴 수 있기를 바랍니다.

아버지를 만나기 전에 마리아를 만나시는 예수님

마리아가 보고 있던 무덤에서 두 남자가 나왔습니다. 마리아가 정상적인 상태였다면 무덤에서 나온 두 남자를 봤을 때 놀라고 두려워했어야 합니다. 그런데 마리아는 지금 정상이 아닙니다. 그녀는 흰옷 입은 두 천사를 무덤을 지키는 동산지기일 거라 짐작했습니다. 그러더니 다짜고짜 예수님의 시신을 찾아 달라고 했습니다. 그때 예수님이 모습을 드러내시며 마리아를 부르셨습니다.

> 예수께서 마리아야 하시거늘 마리아가 돌이켜 히브리말로 랍오니 하니 (이는 선생님이라는 말이라)(요 20:16).

여기 "마리아가 돌이켜"라는 표현이 있는데, '돌이켜'는 몸을 돌이켰다는 의미가 아닙니다. 예수님의 "마리아야!"라는 부름을 듣고 정신이 돌아왔다는 의미입니다. 그러더니 갑자기 히브리말을 합니다. "랍오니?"(선생님이신가요?) 여러분, 슬픔에 혼미해졌던 마리아가 예수님이 자신의 이름을 부르는 소리에 정신 차리고, 예수님을 알아봤다는 것입니다.

마리아는 예수님을 확인하자마자 달려들어 예수님을 붙잡으려 했습니다. 여러분, 예수님은 3일 전에 십자가에 달려 죽으셨단 말입니다. 지금 3일 전에 죽은 사람이 자기 앞에 멀쩡한 모습으로 나타난 것입니다. 정상적인 사람이라면 두려워해야 맞습니다. 뭔가 초자연적인 일이 일어났다고 생각해야 합니다. 귀신을 만났다고 생각하는 게 정상이란 말입니다. 그렇지 않더라도 당신은 누구냐고, 정말 예수님 맞느냐고 물어야 합니다. 그런데 마리아는 눈앞에 있는,

부활하신 예수님에게 다가가 예수님을 붙들려 했습니다. 뭔가 이상한 이 상황보다 내가 사랑하는 주님이 이렇게 내 눈앞에 계신다는 것이 더 크게 다가왔습니다. 아직도 마리아는 정상적이지 않습니다. 그때 예수님이 조금은 단호하게 말씀하십니다.

> 예수께서 이르시되 나를 붙들지 말라 내가 아직 아버지께로 올라가지 아니하였노라 너는 내 형제들에게 가서 이르되 내가 내 아버지 곧 너희 아버지, 내 하나님 곧 너희 하나님께로 올라간다 하라 하시니(요 20:17).

이 말이 무슨 의미인가요? 주님이 왜 이런 말씀을 하신 걸까요? 부활하신 예수님에게는 계획이 있었습니다. 가장 먼저 하늘 아버지께 올라가 하나님이 계획하신 구원 사역의 완성을 보고하려고 하셨습니다. 그 후에 다시 내려와 제자들에게 자신을 보이시고 40일 동안 땅에서 하나님 나라를 가르치시려 했습니다. 그 후에 승천하시는 것이지요. 예수님에게는 이런 계획이 있었습니다. 그 계획 중 최우선은 아버지께 다녀오는 것이었습니다.

그런데 무덤 앞에서 막달라 마리아가 울고 있는 것입니다. 잠깐 울다 갈 줄 알았습니다. 그러데 전혀 갈 생각이 없어 보였습니다. 그래서 천사들을 보냈습니다. 일반적이라면 이 두 천사를 보고 두려워하며 돌아가야 하는데 그는 천사들을 붙잡고 예수님의 시체를 내놓으라 하고 있습니다. 이대로 두면 울다 죽을 것 같습니다. 그래서 예수님이 아버지께 가려던 길을 멈추시고 막달라 마리아에게 돌아오신 것입니다. 자신을 향한 사랑 때문에 지금 이렇게나 통곡하는 여인의 울음을 멈추게 하지 않고서는 아버지께로 가실 수 없었기 때문입니다. 우리 예수님은 가장 중요한 아버지와의 일정을 미루시면서까지 이 여인의 통곡을 멈추기 위해 오신 것입니다. 왜 그러셨습니까? 자신을 그토록 사랑하는 막달라 마리아보다 훨씬 큰 사랑으로 막달라 마리아를 사랑하셨기 때문입니다.

주님을 사랑하는 자가 되라

여러분, 예수님이 내게, 우리 가정에 찾아오시기를 원하십니까? 정말 주님을 만나기 원하십니까? 방법이 있습니다. 예수님을 더 많이 사랑하는 겁니다. 누가 그분의 증인이 됩니까? 다른 조건이 없습니다. 예수님을 사랑하는 사람이 예수님의 증인이 됩니다. 세상에서 말하는 그 어떤 이름이 중요한 게 아닙니다. 힘이나 능력이나 영향력의 문제도 아닙니다. 정상이냐 정상이 아니냐의 문제도 아닙니다. "주님을 사랑하느냐, 그렇지 않느냐?"가 가장 중요합니다.

제 아이들이 어렸을 때입니다. 아침에 출근하려고 하면 제 다리를 붙들고 "아빠, 교회 가지 말고 나랑 놀자" 하던 때가 있었습니다. 저는 그렇게 저를 붙드는 아이들에게 그냥 인사하고 나오는 게 보통이었습니다. 제게는 계획이 있었기 때문입니다. 그런데 어느 날은 아이가 저를 붙들고 놔 주지 않는 겁니다. 그러더니 정말 우는 겁니다. 제발 함께 있어 달라고 말입니다. 서럽게 우는 아이를 그냥 놔 둘 수가 없었습니다. 저는 일정을 바꿀 수밖에 없었습니다. 저와 그토록 함께하기 원하는 아이의 마음이 느껴졌기 때문에, 무엇보다 제가 그 아이를 많이 사랑하기 때문에 그럴 수 있었습니다. 여러분도 아이처럼 그렇게 우리 예수님을 알게 해달라고, 만나게 해달라고 제발 내 삶 가운데 사랑으로 찾아와 달라고 구하시기 바랍니다.

남겨진 제자들

육지에 올라 보니 숯불이 있는데
그 위에 생선이 놓였고 떡도 있더라

부활의 증인으로 사는 삶

요 21:1-14

부활을 살지 못하는 제자들

요한복음 21장의 제자들은 부활하신 예수님을 최소 두 번 이상 만난 상태였습니다. 그들은 예수님을 봤고, 예수님과 대화했고, 식탁에 앉아 함께 식사도 했습니다. 그리고 그 자리에서 예수님은 제자들에게 부활의 소식을 전하는 자가 되라는 사명을 주셨습니다.

우리가 제자들에게 기대하는 이후의 그림은 제자들이 예루살렘성 높은 곳에 서서 예수님의 부활에 대해 외치는 모습입니다. 부활하신 예수님을 만났다면 그 정도는 할 것 같기 때문입니다. 그런데 이후 제자들에게 그런 담대한 복음 전파의 모습은 보이지 않습니다. 제자들은 갈릴리 바다로 내려갔고, 거기서 '물고기 잡으러 가자!"는 베드로의 말에 이끌려 함께 물고기를 잡고 있었습니다. 여러분, 제자들이 물고기를 잡고 있는 것 자체는 문제가 아닙니다. 예수님이 제자들에게 맡기신 사명을 전혀 행하지 않고 물고기를 잡고 있는 것이 문제입니다. 심지어 예수님은 자신을 기다리라고 갈릴리로 보내신 건데 그 예수님이 해변에 오셨는데도 알아보지 못하고 물고기에만 집중하고 있습니다. 제자들은 주님이 맡기신 사명과 전혀 무관한 삶을 살고 있었던 겁니다. 부활을 알아도, 부활을 살지 못하는 제자들이었습니다.

제자들은 엄청난 기적을 경험했습니다. 기적이신 예수님을 만났습니다. 그 예수님이 성령님을 보내 주시고, 사명을 확인시켜 주시기까지 했습니다. 그들은 혼자가 아니라 팀이기도 했습니다. 그런데 제자들은 움직이지 않았습니다. 예수님도 이제는 제자들에게 "이것을 하라, 저것을 하라" 말씀하지 않으십니다. 그들이 예수님의 제자로 살기에는 아직 무엇인가가 부족했기 때문입니다.

이 부분이 아주 중요합니다. 대부분의 성도가 이와 비슷한 어려움을 경험하기 때문입니다. 우리는 부활을 믿습니다. 우리는 예수님이 나를 위해 죽으시고 다시 사심을, 그리고 지금도 우리와 함께하고 계심을 믿습니다. 그런데 부활을 사는 것은 또 다른 문제입니다. 생각은 하는데 몸이 움직여지지 않는 것입니다. 죽은 자 가운데서 살아나신 이가 우리에게 하신 명령임에도, 그 명령에 순종해서 부활의 증인으로 이 땅을 살지 않는다는 것입니다. 왜 그럴까요?

요한복음 20장은 다음과 같은 선언으로 끝납니다.

예수께서 제자들 앞에서 이 책에 기록되지 아니한 다른 표적도 많이 행하셨으나 오직 이것을 기록함은 너희로 예수께서 하나님의 아들 그리스도이심을 믿게 하려 함이요 또 너희로 믿고 그 이름을 힘입어 생명을 얻게 하려 함이니라(요 20:30, 31).

이 말씀은 요한복음의 기록 목적이 '예수님이 하나님의 아들 그리스도이심을 믿게 하고, 그 믿음으로 생명을 얻게 하기 위한 것'이라고 말합니다. 그것을 위해 수많은 이야기 중 일부만 선별했다는 말이지요. 이는 한 권의 책을 마무리하는 표현입니다. 그런데 왜 마무리 느낌을 주는 결론이 20장에 있는데, 부록처럼 한 장이 더 있는 것일까요? 앞에서 제가 했던 고민, '부활을 알지만 부활이 요구하는 삶을 살지 못하는 이들'에게 필요한 것이 무엇인지 알려 주고 싶기 때문입니다.

부활을 보았음에도

그 후에 예수께서 디베랴 호수에서 또 제자들에게 자기를 나타내셨으니 나타내신 일은 이러하니라 시몬 베드로와 디두모라 하는 도마와 갈릴리 가나 사람 나다나엘과 세베대의 아들들과 또 다른 제자 둘이 함께 있더니 시몬 베드로가 나는 물고기 잡으러 가노라 하니 그들이 우리도 함께 가겠다 하고 나가서 배에 올랐으나 그날 밤에 아무것도 잡지 못하였더니 날이 새어 갈 때에 예수께서 바닷가에 서셨으나 제자들이 예수이신 줄 알지 못하는지라(요 21:1-4).

사건의 배경은 디베랴 바다, 즉 갈릴리 호수입니다. 이곳에 일곱 명의 제자가 모였습니다. 예수님이 부활하신 후 제자들에게 "갈릴리로 가 있으라 그러면 내가 너희에게 가겠다"(마 26:32, 막 14:28 참조)고 하셨습니다. 제자들은 약속의 장소에서 부활하신 예수님이 오시는 것을 기다리고 있었습니다. 이때 베드로가 "나는 물고기 잡으러 가노라" 하고, 이를 들은 나머지 제자들도 "우리도 함께 가겠다"며 따라 나섭니다. 그들은 밤새도록 물고기를 잡기 위해 그물질을 했습니다. 그런데 그날따라 물고기를 단 한 마리도 잡을 수 없었습니다. 이들은 이 갈릴리 호수에서 물고기를 잡아 생계를 유지하던 어부였습니다. 그런데 그들의 그물에 물고기가 단 한 마리도 걸리지 않았던 겁니다. 새벽녘이 되었을 때, 해변에 서 있는 한 사람이 보였습니다. 제자들은 그 사람이 예수님이라는 것을 알아보지 못했습니다.

제자들이 이곳 디베랴 바다에 온 것은, 예수님이 "거기서 기다리라"고 하셨기 때문인데, 그들은 자신들이 왜 거기에 왔는지 잊어 버렸습니다. 막상 제자들이 예수님을 기다리게 만든 것입니다. 그 시각 예수님은 바닷가에서 제자들이 자신을 알아보기를 기다리셨습니다. 그러나 누구도 예수님을 알아보지 못했습니다. 우리는 진지하게 이 본문 앞에서 질문해 보아야 합니다. 그날 베드로와 제자들이 물고기를 잡으러 간 것과 그들의 헛된 그물질이 의미하는 것은 무엇일까요? 그리고 그 옆에서 날이 샐 때까지 그 모든 그물질을 보고 계시는 주님은 그들에게 무엇을 알려 주고 싶으셨던 것일까요?

베드로가 '물고기 잡으러 가겠다'고 하는 것도, 다른 제자들이 이것에 동조하는 것도, 너무나 한심한 상황입니다. 예수님은 분명 베드로에게 "너는 이제 물고기를 잡는 어부가 아니라 사람을 낚는 어부가 되어야 한다"(마 4:19, 막 1:17 참조)고 말씀하셨습니다. 그의 정체성을 바꿔 주셨습니다. 베드로는 그런 예수님의 말씀에 순종해서 그물과 배를 버렸습니다. 그런데 지금 이 장면에서 베드로는 다시 이전으로 돌아가 버린 것입니다. '배와 물고기'는 예수님을 만나기 이전 상태를 상징하는 것들이기 때문입니다. 예수님과 3년을 살았고, 부활하신 예수님을 만났음에도 제자들의 본성은 바뀌지 않았습니다. 예수님이 눈에서 멀어졌다고 느낀 순간, 이전에 붙잡고 있던 먹고사는 문제 때문에 '물고기를 얻기 위한' 삶으로 완전히 돌아가 버린 것입니다.

여러분, 우리 중 많은 이가 예수님을 사랑한다고 말하며, 예수님을 믿는다고 말합니다. 우리 중 대부분은 몇 년 이상 예수님을 믿는 신자로 살았습니다. 우리는 그리스도 때문에 영원한 생명을 받았고, 영원한 하나님 나라를 선물로 받았다는 것을 알고 있습니다. 그리고 그리스도께서 우리를 사랑하시되 끝까지 사랑하셨음으로 한 방울의 피와 물도 남김없이 해골 같은 우리 인생에 쏟아 주셨음을 듣고 또 들어 잘 알고 있습니다. 그러나 우리는 지금 어떻게 살고 있습니까? 우리의 가장 큰 관심사는 무엇입니까? 과연 주님의 사랑과 주님이 베푸신 은혜에 합당하게 반응하는 삶을 살고 있습니까?

아무것도 잡히지 않는 기적

> 예수께서 이르시되 애들아 너희에게 고기가 있느냐 대답하되 없나이다(요 21:5).

예수님은 제자들의 상태를 아셨습니다. 그들이 지금 물고기를 잡기 위해 애썼으나 그들의 배에 물고기가 단 한 마리도 없다는 것을 아셨습니다. 그런데 굳이 그들에게 물으셨습니다. "너희에게 고기가 있느냐?" 그리고 제자들은 예수님의 질문에 "없나이다"라고 대답합니다.

왜 제자들의 배에 물고기가 없었을까요? 갈릴리 바다에서 평생 물고기를 잡던 어부들입니다. 아무리 그날 운이 없더라도 한 마리도 건지지 못하는 것은 일어날 수 없는 일입니다. 그런데 그날 그들은 마치 누가 물고기들을 다 쫓아낸 것처럼 한 마리의 물고기도 잡지 못했습니다. 물고기를 한 마리도 잡지 못하는 기적 같은 일이 일어난 것입니다. 어떻게 이런 일이 일어났을까요? 물고기들이 그 그물에 걸리지 않도록 초월자가 개입하셨기 때문입니다. 바로 우리 하나님이 개입하신 것이지요. 예수님이 제자들에게 중요한 무언가를 가르치기 위해 물고기들이 제자들의 그물에 들어가지 못하게 한 것입니다. 예수님이 제자들의 어업을 방해하신 것입니다. 물고기를 한 마리도 잡지 못하게 하심으로 제자들에게 시선을 옮기라고 말씀하시는 것입니다. 어디로 시선을 옮겨야 합니까? 해변에 서 계신 예수님에게입니다. 그들이 왜 이 자리에 왔는지를 기억하게 하시려는 것입니다.

우리는 부활을 알고 있습니다. 예수님에 대하여 꽤 많이 배웠습니다. 우리가 어떻게 살아야 하는지, 우리 삶의 목표가 무엇인지를 배웠습니다. 그런데 그렇게 살지 못합니다. 더 무서운 것은 그렇게 살려는 마음이 아예 없습니다. 그저 인생에서 먹고 마시고 편하게 잘 사는 것에만 관심 갖고 그것을 위해 살고 있습니다. 예수님이 그런 '성도의 인생'에 하시는 일이 무엇일까요? "그물에 아무것도 걸리지 않게 하는 기적"을 행하시는 것입니다. "우리의 그물을 비우시는 것"입니다. 열심히 일했는데 공허가 밀려오게 하시는 것입니다.

하나님은 자신의 백성을 사랑하십니다. 그리고 사랑하는 백성이 가장 의미 있는 삶을 살기 바라십니다. 하나님이 우리에게 원하시는 것은 우리가 '편하게' 사는 것이 아닙니다. 하나님은 우리가 하나님에게 붙잡혀 살기를 원하십니다. 그것이 하나님에게 영광이 되기 때문입니다. 여러분, 하나님이 우리에게 하나님의 영광이 되는 삶을 요구하시는 이유는 무엇일까요? 그것이 우리를 창조하신 목적이기 때문입니다. 그리고 인간은 그 목적대로 살 때 가장 행복한 존재이기도 하고요. 그런데 우리는 어떤가요? 하나님이 원하시는 대로 살지 않습니다. 세상 사람들이 사는 목표와 삶의 방식대로 살려고 합니다. 성도 여러분, 그때 하나님이 기적을 행하십니다. 우리 인생의 그물을 텅 비게 하는 기적 말입니다.

이건 도무지 망할 수 없는 건데 이상하게 망하고 맙니다. 이건 질 수 없는 경기인데 져 버립니다. '알 수 없는 어떤 이유'로 내가 하려고 했던 일들이 안 되는 것입니다. 내가 도무지 이해할 수 없는 방식으로 내가 한 수고가 날아가 버리는 것을 경험합니다. 하나님은 왜 이런 경험을 주시는 걸까요? 하나님이 우리에게 그것은 부활을 아는 성도가 사는 방식이 아님을 알려 주시기 위함입니다. 제자들은 솔직하게 자신들의 상태를 인정했습니다. "우리에게는 아무것도 없습니다. 이 배는 텅 비었습니다. 우리는 수고했지만 아무것도 얻지 못했습니다" 그렇게 솔직하게 자신의 텅 빈 상태를 인정할 때, 예수님이 다시 일하시기 시작합니다.

만선의 기적

예수님은 이런 제자들에게 다가오십니다. 주님은 '한 번 찍은 영혼'은 포기하시는 법이 없습니다. 예수님이 이 제자들의 상태를 고치기 위해 두 가지 방법을 사용하십니다. 하나는 그물 가득히 물고기를 잡게 하는 기적이고, 다른 하나는 그들을 위한 식사를 준비하여 함께 밥을 먹는 모임입니다.

예수께서 이르시되 얘들아 너희에게 고기가 있느냐 대답하되 없
나이다 이르시되 그물을 배 오른편에 던지라 그리하면 잡으리
라 하시니 이에 던졌더니 물고기가 많아 그물을 들 수 없더라(요
21:5, 6).

주님이 제자들에게 오른편으로 그물을 던지라고 명령하셨습니
다. 제자들이 그 명령에 순종하자, 엄청나게 많은 물고기가 잡혔습
니다. 그런데 이 기적은 오늘 처음 일어난 게 아닙니다. 갈릴리의
어부 출신 제자들이 예수님을 따르기 시작한 3년 전에 이미 한 번
경험한 적 있는 사건입니다. 그날도 이상하게 물고기를 한 마리도
잡지 못했고, 목수 출신의 선생님이 그물을 깊은 곳에 던지라고 명
령했습니다. 내키지는 않았지만 그물을 던졌고, 그 결과 엄청나게
많은 물고기가 잡혔습니다. 그 사건으로 그 배에 타고 있던 어부들
이 예수님을 메시아로 인정하게 되었고 그분을 따르게 되었습니다.
이것이 그들이 예수님을 따르게 된 결정적인 계기입니다.

예수님은 지금 제자들에게 '첫 번째 기적'을 떠올리게 하신 것입
니다. "너희가 이 바다에서 나를 만나 경험한 기적을 기억해 보라"
는 것입니다. 기적을 통해 이렇게 말씀하시는 것입니다. "너희가 붙
잡고 있는 그 일상의 필요, 그 물고기의 문제를 내가 이미 해결한 적
있지 않느냐? 너희가 그 기적을 체험하지 않았느냐? 그런데 왜 다시
물고기를 잡으러 가 버린 것이냐?"

제자들은 여전히 '물고기는 자신들이 잡는 것'이라고 생각했습니

다. 그리고 지금은 예수님이 멀리 계시는 것 같으니 다시 우리가 물고기를 잡아야 한다고 생각했습니다. 예수님은 그들의 생각이 틀렸다는 것을 다시 이 물고기로 가르치신 것입니다. "사랑하는 제자들아, 나는 너희에게 필요한 것이 무엇인지 알고 있다. 그리고 그 구체적인 필요를 채울 능력도 있다."

여러분, 우리는 '부활의 주님'을 믿습니다. 그런데 그 부활하신 주님과 무관한 삶을 살아갑니다. 부활하신 그리스도와 함께 한 주 한 주를 살지 않습니다. 매일 해야 하는 수많은 선택의 순간, 예수님에게 묻지 않습니다. 주님을 의식하지 않습니다. 주일은 교회에서 이런저런 종교적인 활동을 하고, 일정 기간 동안 특별한 열심을 내기도 하지만 막상 나의 일상에서는 주님과 동행하지 않는 것입니다. 오늘 내가 먹는 것, 입는 것, 사는 것, 그 모든 일상적인 것은 하나님과 무관한 내 힘과 능력으로 주어진다고 생각하기 때문입니다. 그래서 어떤 선택을 합니까? 우리 일상을 "물고기나 잡으러 가자!"는 선택으로 채우는 것입니다. 주님 뜻대로 사는 건 너무 비현실적이기 때문에 나에게 주어진 하루, 나에게 주어진 능력을 대부분 '물고기 잡는 데 써야 한다'고 생각하는 것입니다. 그러나 예수님의 기적은 그런 우리에게 '너희의 일상도 내가 채우는 것'이라 말씀하고 계십니다. 이제 제자들의 반응을 보십시오.

예수께서 사랑하시는 그 제자가 베드로에게 이르되 주님이시라 하니 시몬 베드로가 벗고 있다가 주님이라 하는 말을 듣고 겉옷을 두른 후에 바다로 뛰어 내리더라(요 21:7).

엄청나게 많은 물고기가 한순간에 그물에 들어온 것을 확인했습니다. 그때 그 물고기를 보던 요한이 외쳤습니다. "주님이시다!" 지금 저 물가에서 우리를 향해 "오른편으로 그물을 내리라"고 말씀하신 분이 예수님이라는 겁니다. 그 말을 들은 베드로는 벗어 놓았던 겉옷을 두르고 바다로 뛰어 들었습니다. 물고기가 중요한 게 아닙니다. 물고기는 사인이었습니다. 예수님은 자신이 우리 일상 가운데, 우리의 구체적인 필요를 채우실 수 있는 능력을 지닌 이임을 보여 주신 것입니다. 베드로는 물고기에서 눈을 돌려 예수님을 보고, 예수님을 향해 차가운 물속으로 뛰어듭니다.

여러분, 예수님이 제자들의 '물고기 문제'에 역사하셨습니다. 그분은 우리 '일상의 삶'을 해결하실 수 있는 분입니다. 예수님은 예배당 안에서만 능력 있고, 수련회나 기도원에 가야만 능력을 발휘하시는 분이 아닙니다. 그분은 교회 안에서만 힘을 갖는 분이 아닙니다. 그분은 우리 삶의 전 영역, 우리가 실제라고 생각하는, 그 직장, 그 가정, 그 관계, 그 미래에 대한 모든 것을 주관하시는 분입니다. 주님에게 이 시간 우리가 살고 있는 실제 세상 가운데 들어오셔서 역사해 달라고 구하십시오. 그래서 하나님의 은혜가 삶의 전 영역 가운데 들어오는 역사를 맛보는 성도가 되십시오.

누가 너희의 필요를 돌보는 자인가

육지에 올라 보니 숯불이 있는데 그 위에 생선이 놓였고 떡도 있
더라(요 21:9).

예수님은 급하게 오는 제자들을 위해 아침을 준비해 두셨습니다.
제자들이 100미터쯤 되는 거리를 그물을 끌고 노 저어 왔을 때, 육
지에는 숯불이 있었고, 그 위에 생선과 잘 달궈진 돌판 위에 떡이 구
워지고 있었습니다. 그리고 그 떡과 물고기를 굽기 위해 예수님이
쭈그리고 앉아 계셨습니다. 오늘은 특별하게 선생님이 밥을 준비해
놓으신 것입니다. 그것도 부활하신 하나님의 아들이 자신을 배신하
고 도망쳤던 제자들의 허기진 배를 채워 주기 위해서 기꺼이 식사
당번이 되신 것입니다.

그 장면을 상상해 봅시다. 부활하셔서 하늘과 땅의 모든 권세를
받으신 분, 만물을 충만케 하시는 그분이 혼자서 넓적한 돌을 찾아
돌아다니십니다. 마침내 찾아내고는 기뻐하시며 그 돌들로 만든 화
덕에 숯불을 지피십니다. 돌판이 뜨거워지자 그 판 위에 준비해 놓
은 밀가루 반죽을 올려놓으십니다. 손질한 물고기를 꼬챙이에 꿰어
불 곁에 놓습니다. 여러분, 부활하신 주님이 고기를 굽고 계신 것입
니다. 저는 주님의 표정이 느껴집니다. 자녀들에게 맛있는 걸 먹이
려고 요리하는 부모 마음일 것입니다. 주님은 혼자서 키득키득 웃으
셨습니다. 밤새 물고기를 잡다 허탕 친, 그래서 몸과 마음이 지친 제

자들이 이 음식을 보고 얼마나 즐거워할지 눈에 보이기 때문입니다.

부활하신 우리 주님이 왜 그날 고기를 구우신 걸까요? 그것은 제자들로 주님과 함께했던 소소한 일상의 시간들과 즐거움들을 기억하게 하시려는 것입니다. 우리가 물고기를 잡으려 헛수고하는 동안 바닷가에서 매운 연기에 눈물 흘리시며 숯불을 붙이시고, 비린내 나는 고기를 손질하시고, 밀가루를 반죽하신 후에 돌판을 달구시는 수고를 하신 것은 우리를 먹이셨던 그 하나님의 손길을 기억하라는 뜻입니다. 천지를 만드신 손이, 해와 달과 별들을 운행하시는 손이 나를 위해 떡을 구우셨다는 것을 생각하라는 것입니다.

여러분의 일상은 어떻습니까? 아주 평범해 보이고 어쩌면 지겨워 보이기도 하는 그날들 말입니다. 그런데 그 평범한 날들이 유지되기 위해 얼마나 많은, 보이지 않는 기적이 필요한지 아십니까? 하나님이 매 순간 우리를 지키시는 것입니다. 늘 먹이시는 것입니다. 함께하시는 것입니다. 이 일상이 우리를 키우고, 우리를 고치고, 우리를 변화시켰습니다. 사랑하는 여러분, 별 볼일 없어 보이는 평범했던 수많은 날, 그 미미해 보였던 일상이 저를 목사로 만들었고, 여러분을 그 자리까지 오게 했고, 변화시켰고, 고쳐 왔습니다. 그러니 여러분, 그 일상에 가득한 하나님의 신비를 보십시오. 하나님의 손때가 묻지 않은 곳이 없는 이 일상으로 인해 감격하고 감동하십시오. 그리고 우리 일상을 지켜 주신 하나님에게 다시금 감사의 노래를 올려드리십시오.

우리 일상에 가득한, 부활하신 예수님

> 예수께서 이르시되 와서 조반을 먹으라 하시니 제자들이 주님이
> 신 줄 아는 고로 당신이 누구냐 감히 묻는 자가 없더라(요 21:12).

부활하신 예수님을 만났음에도 제자들의 마음은 변한 게 없었습니다. 여전히 자신들의 일상, 먹고사는 일이 가장 중요했습니다. 주님의 뜻대로 살아갈 힘도, 마음도 없습니다. 하지만 예수님은 그런 제자들을 포기하지 않으셨습니다. 예수님은 그 제자들에게 첫사랑을 기억나게 하는 '만선의 기적'과, 함께했던 일상을 기억나게 하는 '일상의 식탁'을 준비하셨습니다. 모닥불 앞에서 제자들은 예수님과 함께 먹고 마시고 대화하면서 예수님과의 관계 회복을 경험합니다. 그들 가운데 누구도 "당신이 누구냐?" 묻지 않았습니다. 지금 예수님과 제자들은 온전한 식탁을 누리고 있는 것입니다.

예수님이 우리 일상을 채울 능력이 있는 분이고, 우리의 모든 일상이 그분의 은혜 가운데 있고, 앞으로도 그럴 것임을 확인시키신 것입니다. 부활하신 예수님이 이 모든 영역에서 우리와 함께하고 계심을 경험시키신 것입니다. 예수님이 제자들에게 찾아오셔서 만선의 기적을 행하시고, 아침 식사를 친히 준비하셨습니다. 주님이 왜 그러셨을까요? 우리는 답을 알고 있습니다. 예수님은 제자들을 몹시 사랑하셨기 때문입니다.

사랑하는 성도 여러분, 이번 본문에서 우리는 한심한 제자들을

회복시키시는 예수님을 만났습니다. 예수님이 얼마나 친절하신지 배웠습니다. 그분이 얼마나 자비가 많으신지 알게 되었습니다. 그분의 온화한 목소리와 눈빛을 경험했습니다. 그럼 우리는 제자들보다 나은 존재입니까? 그렇지 않습니다. 그럼에도 우리에게 소망이 있는 이유가 뭘까요? 주님이 이런 우리를 사랑하시기 때문입니다.

혹시 매일 먹이시고 입히시는, 내 생명을 보존해 주시는 그분의 사랑을 경험하면서도, 그것이 얼마나 감사한 일인지, 그것이 얼마나 많은 하나님의 섭리인지 모르고 살지 않습니까? 첫사랑의 감격도, 일상 속에서 누리는 하나님의 보호에 대한 감사도 사라진 지 오래되지는 않았나요? 우리 신앙이 밋밋하지는 않습니까?

오늘도 주님은 우리를 '주님의 식탁'으로 초청하십니다. 이 식탁으로 나아가 주님이 우리를 위해 준비하신 모든 것을 먹고 마시기 바랍니다. 그리고 이 모든 것을 준비하여 우리를 새롭게 하시려는 주님의 크신 사랑을 경험하시기 바랍니다. 그 사랑과 그 섬김에 의지하여 오늘 우리에게 주어지는 부활의 증인으로 사는 삶을 다시 힘을 내서 살아갈 수 있기를 축원합니다.

베드로

요한의 아들 시몬아 네가 이 사람들보다 나를 더 사랑하느냐

주님의 크신 사랑 앞에 서다

요 21:14-17

회복에서 소외된 한 사람

앞 장에 이어 이번에도 요한복음 21장에 나오는, 제자를 만나신 예수님의 이야기를 하려 합니다. 앞 장에서 우리는 예수님이 제자 공동체를 어떻게 회복시키시는지를 보았습니다. 모든 제자가 예수님을 배신했습니다. 예수님이 가장 힘겨운 시간을 보내실 때 제자들은 그 옆에 있어 주지도, 함께 기도하지도 않았습니다. 철저하게 예수님을 버렸기에 부활하신 예수님 앞에서도 고개를 들 수 없었습니다. 그래서 그분은 첫사랑을 기억나게 하는 '만선의 기적'과 함께했던 일상을 기억나게 하는 '식탁의 섬김'을 베푸셨습니다. "내가 너희를 지금도 여전히 사랑한단다"라는 사실을 만선의 기적과 일상의 식탁 섬김으로 확인시키셨습니다. 그날 아침 모닥불 옆에서 제자들은 예수님과 함께 먹고 마시고 대화했습니다. 그리고 예수님이 얼마나 자신들을 사랑하시는지 확인했습니다. 그들은 지금 웃고 있습니다. 예수님과 농담을 나눕니다. 제자들은 이 시간 예수님과의 관계 회복을 경험했습니다. 주를 위해 살아갈 힘을 얻고, 주님의 사랑을 확인한 것입니다.

그런데 여러분, 이 아름다운 장면에서 한 사람이 소외되었습니다. 늘 이런 자리에서 가장 시끄럽게 떠들었던 제자, 예수님의 수제자라 자처했고, 모든 제자가 다 주님을 버려도 결코 자신은 주님을 버리지 않겠다 말했던 그 제자, 바로 베드로입니다. 베드로는 요한이 만선의 기적을 보고 해변에 서 있는 예수님을 바라보며 "주님이시다"라고 말하자, 당장에 겉옷을 두르고 차가운 새벽 바닷물로 뛰어들었습니다. 그만큼이나 예수님을 보고 싶었고 만나고 싶었던 겁니다. 다른 제자들이 많은 물고기가 걸린 그물을 끌고 노를 저어 해변에 도착하는 그 짧은 시간을 기다릴 수 없었던 것입니다. 베드로는 늘 그랬던 것처럼 가장 먼저 뛰어가 예수님을 끌어안고 싶었습니다. 그 후, 예상되는 그림은 무엇입니까? 베드로가 예수님을 만나자마자 끌어안던지, 그 앞에 엎드리던지 하는 모습입니다. 그런데 그런 모습에 대한 기록이 전혀 없습니다.

예수님이 준비하신 아침 식사 자리로 가 보겠습니다.

물고기 수를 세는 베드로

예수께서 이르시되 지금 잡은 생선을 좀 가져오라 하시니 시
몬 베드로가 올라가서 그물을 육지에 끌어 올리니 가득히 찬
큰 물고기가 백쉰세 마리라 이같이 많으나 그물이 찢어지지 아
니하였더라(요 21:10, 11).

이상합니다. 예수님이 제자들을 위해 물고기를 충분히 준비하지 않
으셨나 봅니다. 지금 막 잡은 그물 안에 있는 물고기를 몇 마리 가
져오라고 시키십니다. 그때 제자 중 한 사람이 일어나 배에 가서 그
물을 육지로 끌어 올립니다. 거기에는 큰 물고기 153마리가 있었습
니다. 그런데 그 물고기를 가지러 간 제자, 그 물고기 수를 세고 있
는 제자는 바로 베드로였습니다.

　본문의 큰 흐름과는 무관하지만 그 유명한 153이라는 숫자가 등
장합니다. 이 숫자가 왜 유명하냐면 한국인이라면 누구나 한 번쯤은
써 봤을, '모나미 153' 볼펜 때문입니다. 1960년에 이 볼펜을 만든 모
나미의 송삼석 사장은 볼펜 이름을 짓는 과정에서 요한복음 21장의
만선의 기적을 생각했고, 이 볼펜이 많이 팔리기를 바라는 마음으로
이 숫자 넣었던 것입니다. 그리고 실제 이 '모나미 153'은 전 세계에
서 가장 많이 팔린 볼펜이 되는 영광을 누렸습니다. 60년이 지난 지
금까지도 외형을 바꾸지 않고 계속 만들고 있습니다. 정말 이 숫자
의 힘 때문에 그런 큰 이익이 만들어진 것일까요?

지난 2,000년 동안 교회의 성경 해석의 역사를 보면 이 '153'에 대한 여러 해석이 있습니다. '시몬'과 '요나'라는 히브리어 철자에 부여된 숫자를 모두 더하면 153이 된다는 것부터 1에서 17까지의 숫자를 하나씩 모두 더하면 153이 된다는 것까지 수많은 해석이 있습니다. 그중 그나마 좋은 해석은 오리게네스라는 초대 교회 교부의 해석입니다. 당시 갈릴리 바닷가에 살고 있던 이들의 통념에는 갈릴리 바다에 있는 물고기의 종류가 모두 153가지였다는 것입니다. 그래서 이 그물에 153마리의 물고기가 잡혔다는 것은 '전부, 완전'을 의미한다는 것이지요. 예수님이 제자들의 일상 가운데 있는 필요를 어느 것 하나 빼지 않고 다 채우신다, 그분의 채우심에는 하나의 부족함도 없다는 것을 보여 주시기 위해 갈릴리 바다에 있는 모든 종류의 물고기를 한 그물 안에 담으셨다는 해석입니다. 은혜가 되는 해석입니다.

그런데, 제 해석은 조금 다릅니다. 분명 베드로는 다른 제자들보다 해변에 먼저 올라왔습니다. 그런데 해변에 올라선 베드로는 예수님 앞으로 달려가 예수님을 끌어안지 않습니다. 왜인지 감동적인 재회의 장면이 나오지 않았습니다. 그리고 조금 있으니 다른 제자들이 그물 가득히 물고기를 잡아 가지고 배를 끌고 와서 해변에 도착합니다. 예수님은 그 제자들을 보면서 "지금 잡은 물고기를 좀 가져오라"고 말씀하십니다.

상식적으로 배에 타고 있던 나머지 여섯 명의 제자 중 누군가가 물고기를 가져와야 합니다. 그런데 그 말을 듣고 움직이는 이는, 가장 먼저 바다에 뛰어들어 예수님을 만나려 한 베드로입니다. 그런데 여러분, 그 베드로가 배에 가서 그물을 육지에 끌어올려 놓고 하는 일이 무엇입니까? 물고기 수를 세고 있습니다. 153마리! 분명 주님은 여덟 명이 함께 먹을 식사를 준비하셨습니다. 떡도 있고 이미 물고기 몇 마리는 준비되어 있으니 그물에 있는 물고기 중 몇 마리만 가져가면 됩니다. 그런데 그 새벽, 베드로는 물고기 수를 세고 앉아 있습니다.

왜 그랬을까요? 베드로가 해변에 도착했을 때, 예수님은 차가운 새벽 바다를 헤엄쳐 온 베드로를 보고 웃으셨을 것입니다. 그런데 베드로의 눈에는 그 웃고 계시는 예수님 옆에 있는 모닥불이 보였습니다. 그리고 거기서 몸이 굳어 버렸습니다. 그 모닥불이 떠올리기 싫었던 그 밤의 기억을 되살아나게 했기 때문입니다.

베드로가 예수님을 세 번 부인했던 그 어두운 밤, 대제사장의 뜰에는 사람들이 피워 놓은 모닥불이 있었습니다. 베드로도 그 모닥불 옆에 앉아서 진행되는 재판의 과정을 보고 있었지요. 그런데 그 모닥불가에 있을 때 누군가가 예수님과 자신의 관계에 대해 물었습니다. 베드로는 거기서 세 번이나 예수님을 부인하고 맹세하며 저주하기까지 했습니다. 아직 어둠이 물러나지 않은 새벽녘 해변에 피워진 모닥불을 봤을 때, 베드로는 예수님을 세 번 부인했던 그 밤과 그 새벽녘이 떠올랐던 것입니다. 그것이 베드로가 "물고기를 좀 가져오라"는 주님의 말을 듣고, 물고기를 바로 가져오는 대신 그물에 있는 물고기 수를 셌던 이유입니다. 예수님을 정면에서 바라볼

면목이 없었던 것이지요. 그분 앞에 서서 물고기를 건넬 수가 없었습니다. 그래서 시키지도 않은 물고기 수를 센 것입니다. 미끌미끌하고 아직 살아서 파닥거리는 물고기, 누구 하나 관심 없는 물고기의 수, 베드로는 예수님 앞에 차마 설 수 없는 자신의 비참함 때문에, 거기서 물고기 수를 헤아린 것입니다. 한없이 초라한 베드로의 뒷모습입니다.

베드로를 따로 부르시는 예수님

예수님이 그 베드로를 보셨고, 그가 왜 그러는지 아셨습니다. 그래서 조반을 드신 후, 베드로를 따로 불러내셨습니다. 그러고는 우리에게 아주 익숙한 말씀 "요한의 아들 시몬아 네가 이 사람들보다 나를 더 사랑하느냐?"라고 물어보셨습니다. 그리고 이 질문과 베드로의 대답, 그리고 주님의 명령이 세 번 반복됩니다.

> 그들이 조반 먹은 후에 예수께서 시몬 베드로에게 이르시되 요한의 아들 시몬아 네가 이 사람들보다 나를 더 사랑하느냐 하시니 이르되 주님 그러하나이다 내가 주님을 사랑하는 줄 주님께서 아시나이다 이르시되 내 어린양을 먹이라 하시고 또 두 번째 이르시되 요한의 아들 시몬아 네가 나를 사랑하느냐 하시니 이르되 주님 그러하나이다 내가 주님을 사랑하는 줄 주님께서 아

시나이다 이르시되 내 양을 치라 하시고 세 번째 이르시되 요한의 아들 시몬아 네가 나를 사랑하느냐 하시니 주께서 세 번째 네가 나를 사랑하느냐 하시므로 베드로가 근심하여 이르되 주님 모든 것을 아시오매 내가 주님을 사랑하는 줄을 주님께서 아시나이다 예수께서 이르시되 내 양을 먹이라(요 21:15-17).

신약 성경에서 가장 아름다운 대화 중 하나를 고르라고 하면 아마 많은 분이 이 대화를 생각할 것입니다. 예수님이 베드로를 따로 부르셨습니다. 베드로의 꼬여 있는 마음을 정확하게 아셨습니다. 베드로의 마음 가운데 있는 죄책감을 아셨습니다. 이대로 두면 절대 베드로는 회복될 수 없다는 것을 아셨습니다. 그래서 딱 한 사람 베드로를 회복시키기 위해 이 대화를 시작하신 것입니다.

여러분, 주님이 우리를 대하실 때, 늘 '무리 중 하나로 대하신다'고 생각하셨다면 이건 틀린 생각입니다. 베드로를 열두 명 중에 한 명으로 대우하지 않으셨습니다. 베드로는 그저 베드로입니다. 예수님은 베드로 한 사람의 회복을 위해, 베드로 한 사람에게 오셔서, 베드로 한 사람과 대화하며 그를 회복시키는 일을 하셨습니다. 우리 주님은 우리를 한 사람 한 사람으로 보고 계십니다. 그분은 우리 이름을 각각 아십니다. 그분은 우리 상태를 아십니다. 또한 우리 주님은 한 사람 한 사람이 어떤지 정확하게 아시고, 그들 각각을 향한 회복과 구원의 계획을 가지고 계시는 분입니다.

예수님과 베드로의 이 대화는 무척이나 아름답습니다. 헬라어를 안다면 더 은혜로울 것입니다. 베드로를 부르실 때, 왜 베드로라고 부르지 않고 "요한의 아들 시몬아"라고 부르시는지 안다면 더 감동이 있을 것입니다. 특히 예수님의 질문과 베드로의 답변에 있는 '사랑'이라는 단어가 각각 헬라어 '아가페'(ἀγάπη)와 '필레오'(φιλέω)라는 다른 단어로 쓰였다는 것을 알면 더 큰 은혜가 있습니다. 성도 여러분, 저는 이 대화를 정말 하나하나 세세하게 살펴보고 싶은 마음이 많이 듭니다. 그러나 이 책에서는 절제하겠습니다. 그것은 이 이야기가 주는 교훈의 핵심은 아니기 때문입니다. 이 부분을 조금 더 깊이 정리해서 나눌 기회를 찾도록 하겠습니다.

이 장에서 꼭 정리하고 넘어가야 하는 핵심은 이 대화가 '세 번 반복된다'는 점입니다. 우리도 그렇지만 히브리인들에게 '3'은 '완전'을 의미하는 숫자입니다. 예수님이 세 번이나 질문하고 답변을 듣고 명령하신다면, 그것은 바뀔 수 없을 만큼 확고한 것임을 의미합니다. 베드로가 예수님을 부인한 것도 세 번이기 때문입니다. 그것은 예수님에 대한 완전한 부인입니다. 예수님은 베드로가 자신을 부인하는 소리, 맹세하고, 저주하며, "저 사람을 모른다"고 했던 말을 대제사장의 뜰에서 고초당하시며 모두 들으셨습니다. 어쩌면 예수님은 몸보다 마음이 더 아팠을 것입니다. 그 밤에 사랑하는 제자의 입에서 터져 나오는 저주와 맹세와 부인의 목소리가 그분의 마음을 찢어 놓았을 것이기 때문입니다.

그런데 이 아침에 예수님이 베드로를 따로 불러내시고 묻는 겁니다. "요한의 아들의 시몬아……." '반석'이라는, 예수님이 주신 이름과 너무나도 멀리 떨어져 살고 있는 베드로의 옛 이름입니다. "너는 나를 사랑하느냐?" 베드로는 눈을 들지 못합니다. 그리고 아주 작은 목소리로 대답합니다. 예수님을 부인하기는 했지만 주님을 사랑했습니다. 이 마음만큼은 진짜였습니다.

> 주님 그러하나이다 내가 주님을 사랑하는 줄 주님께서 아시나이다(요 21:15).

이 대답을 들으신 예수님이 다시 질문하십니다. "요한의 아들 시몬아 네가 나를 사랑하느냐?" 베드로는 여전히 고개를 들지 못하고, 앞서와 같이 대답합니다. 그런데 예수님이 또다시 물으십니다. "요한의 아들 시몬아 네가 나를 사랑하느냐?" 베드로는 세 번째 이 질문을 들었을 때, 첫 번째와 두 번째에서 보인 것과 다른 반응을 보입니다.

> 주께서 세 번째 네가 나를 사랑하느냐 하시므로 베드로가 근심하여 이르되 주님 모든 것을 아시오매 내가 주님을 사랑하는 줄을 주님께서 아시나이다(요 21:17).

베드로는 앞에서는 안 하던 근심을 합니다. 이 '근심하며'를 의미하는 단어 '루페오'(λυπέω)는 수동태로 쓰일 때, '고통스러워하며', '슬퍼하며', 또는 '괴로워하며'라는 뜻을 갖습니다. 참고 있던 베드로의 마음이 와르르 무너진 것입니다. 예수님 앞에서 상남자인 것처럼 참고 있었는데 더 이상 참을 수가 없었던 것입니다. 속에서 뭔가가 터져 나왔습니다.

자신을 향한 질문이 세 번 반복되는 것을 알았을 때, 베드로는 예수님이 왜 나를 따로 불러 이렇게 질문하고 계시는지 알게 되었습니다. 세 번 자신을 부인한 나를, 세 번 사랑한다고 고백하게 하심으로 내 마음에 있던 예수님에 대한 죄책감에서 해방시키시기 위해 이 대화를 끌어가시는 예수님의 마음을 읽은 것입니다. 예수님의 세 번째 질문 앞에서 베드로는, 요한의 아들 시몬이며, 주님을 세 번이나 부인한 배신자인 자신을 여전히 베드로(반석)라 부르시며 사랑과 신뢰로 바라보시는 예수님을 만난 것입니다. 베드로의 세 번째 대답은 이전에 했던 대답과 유사하지만 그 무게가 다릅니다. "주님, 모든 것을 아시오매 내가 주님을 사랑하는 줄을 주님께서 아시나이다."

나를 따로 불러내셔서, 내 이름을 부르면서, 오직 나만 알고 있는 내 과거의 부끄러운 기억과 상처를 드러내시며, 그것으로부터 나를 자유케 하시려는 우리 주님의 크신 사랑 앞에 선 것입니다. 베드로는 찢겨지는 고통 속에서 이렇게나 아프게 나를 사랑하시는 주님을 바라본 것이지요. 그리고 절대 변하지 않을 고백, 세 번째 고백으로 "나도 주님을 사랑합니다!"라고 말합니다.

세 번이나 사랑을 확인하신 주님이 베드로에게 말씀하시는 명령은 내 양을 "먹이라", "치라", "먹이라"입니다. 이는 영혼을 돌보는 목자의 일을 하라는 명령입니다. 다 망가뜨린 나에게, 세 번이나 부인한 나에게, 모래알 같은 나에게, 고통이 두려워 주님을 버렸던 나에게 주님은 주의 피로 사신 영혼들, 주님의 몸인 교회, 주님의 생명과 바꾸어 얻은 또 다른 생명들을 부탁하고 계신 것입니다. 사랑에서 나온 파격적인 명령이고 부탁입니다. 예수님이 또 위험을 감수하신 것입니다. 이 불안한 베드로에게 또 자신의 생명을 맡기시는 것입니다. 베드로는 그 앞에서 확인했습니다. 주님은 정말 나를 사랑하신다는 것을요.

그러면 이제, 내 양을 먹이라

여러분, '엄마'의 역할에 대해 생각해 보십시오. '엄마'는 쉽사리 감당할 수 없는 '세상에 둘도 없는 극한 직업'입니다. 그렇게나 많은 시간과 힘을 쏟는데 보수도 없습니다. 도리어 그렇게 했는데, 성장하는 아이들은 "엄마가 내 인생에 해준 게 뭐가 있어?"라며 소리 지르는 경우도 있습니다. 그런데 엄마는 그 일을 어떻게 감당할 수 있습니까? 바로 사랑 때문에 가능한 것입니다. 내가 이미 받은 사랑과 그 사랑에서 나온 또 다른 종류의 사랑 때문에 말입니다.

부활을 사는 것은 엄청난 능력이 필요한 일입니다. 진리를 알았다고 해서 그 진리를 살아 낼 수 있는 게 아닙니다. 하나님의 백성이라면 이 땅을 어떻게 살아야 하는지 모르는 것도 문제이지만, 알아도 살 능력이 없다는 것은 더 큰 문제입니다. 그런데 우리는 부활을 살 수 있습니다. 성도로 이 땅을 걸어갈 수 있습니다. 맡기신 사명을 감당할 수 있습니다. 다른 이들을 사랑하고 섬기고 나의 것을 나눠 주어 그들을 살리는 하루하루를 살아 낼 수 있습니다. 어떻게요? 우리 주님이 우리를 얼마나 사랑하시는지, 또 어떻게 사랑하시는지, 지금 알고 경험하고 누리고 있기 때문입니다.

여러분, 우리는 한심한 제자들을 회복시키시는 예수님을 만났습니다. 또 우리는 가장 심난한 베드로를 사랑으로 회복시키시는 것을 보았습니다. 예수님은 너무나 친절하십니다. 그분은 너무나 사랑이 많으십니다. 그분은 너무나 온화합니다. 그분은 너무나 깊습니다. 예수님은 정말 사랑이 가득한 분입니다. 그리고 그 주님이 자신의 제자들만 그렇게 바라보신 것이 아니라 오늘날 우리도 그렇게 바라보십니다.

우리에게 찾아오셔서 당신의 사랑을 보여 주시는 주님을 만나시기 바랍니다. 그리고 그 주님의 넘치는 사랑 고백을 온 마음으로 경험하시기 바랍니다. 그 사랑으로 또 다른 누군가를 사랑하는 선택을 하시기 바랍니다. 우리 모두가 주님이 베푸신 사랑 때문에, 그 감당할 수 없는 사랑 때문에, 다시 또 누군가를 사랑하는 자리로 나아갈 수 있기를 축원합니다. 부활을 살아 낼 사랑이라는 가장 큰 은사에 사로잡히기를 축원합니다.

바울이 된 사울

사울아 사울아 네가 어찌하여 나를 박해하느냐

환한 빛으로 찾아오신 예수

행 26:11-15

'좋은 소식'과 '복음'의 차이

누가는 초대 교회의 복음 역사인 사도행전을 기록하면서 바울의 회심 장면을 대단히 중요하게 생각했습니다. 표현이 약간씩 다르지만 9장, 22장, 26장에 같은 사건을 기록했다는 점은 성경 자체가 바울의 회심 사건을 중요하게 여긴다는 사실을 증명합니다. 이 기록 가운데 가장 풍성한 내용을 담고 있는 26장 말씀을 가지고 바울의 회심 사건에 담긴 의미를 함께 생각해 보겠습니다.

사람들은 "예수님을 믿으면 행동이 바뀌어야 한다"는 말을 합니다. '신앙이 없을 때와는 다른 삶을 살아서 신앙이 있다는 것을 증명해야 한다'는 것입니다. 이것은 옳은 말입니다. 오늘날 세상이 교회와 성도를 향해 퍼붓는 비판의 대부분은 우리가 바른 행동을 하지 못하기 때문에 생긴 것들입니다. 우리는 잘 살아야 합니다. 그런데 여기서 우리가 생각해 보아야 할 문제가 있습니다. '다른 종교들은 바른 신앙적 삶에 대해 어떤 입장을 취하는가'입니다. 이단 사이비를 제외하고 대부분의 고등 종교는 그 종교를 믿는 신도들에게 도덕적이고 윤리적인 삶, 나누는 삶을 가르치고 도전하기 때문입니다. '신을 믿고 잘 사는 것'은 기독교만의 특징이 아니라 모든 고등 종교의 일반적 특징이라는 것이지요. 그렇다면 타 종교와 구별되는 기독교만의 독특한 특징은 무엇일까요?

20세기 최고의 기독교 변증가 C. S. 루이스는 "기독교와 타 종교의 차이가 무엇입니까?"라는 질문에 단호하게 "기독교 신앙의 독특성은 은혜에 있습니다"라고 말했습니다. 그리고 그 은혜에 관하여서는 "받을 자격이 전혀 없는 사람들에게 일방적으로 베풀어지는 하나님의 사랑과 호의, 그것이 은혜입니다"라고 말했습니다. 저는 루이스의 이 정의가 기독교의 핵심이라고 생각합니다.

기독교는 은혜의 종교입니다. 다른 어떤 종교도 자격 없는 이를 향한 사랑, 자격 없는 이에게 주는 선물이라는 개념은 없습니다. 다들 자격을 갖추라고 말합니다. 자격을 얻기 위해 노력하라고 말합니다. 네가 할 수 있는 최선을 다해 사랑받을 이유를 만들어서 나오라고 말합니다. 그런데 기독교는 그렇지 않습니다. 기독교는 자격이 없다는 것을 인정하는 사람을 향해 찾아오신 하나님에 관한 이야기입니다. 이 장에서는 신약 성경에서 가장 망가져 있던 인물, 가장 꼬여 있던 인물, 그래서 예수님을 믿는 사람들을 박해하고 교회 지도자인 스데반의 순교에 직접 개입한 인물인 바울을 찾아가시는 하나님의 은혜를 살펴보도록 하겠습니다.

강철 같은 의지의 사람, 바울

사도행전에 기록된 바울, 수많은 서신서를 기록한 바울에 대해 한 번 생각해 봅시다. 제가 가장 먼저 든 생각은 '바울은 어떻게 그토록 강할 수 있느냐?' 하는 것입니다.

> 내가 달려갈 길과 주 예수께 받은 사명 곧 하나님의 은혜의 복음
> 을 증언하는 일을 마치려 함에는 나의 생명조차 조금도 귀한 것
> 으로 여기지 아니하노라(행 20:24).

이것은 사도 바울이 고난과 환란이 기다리는 예루살렘을 향해 가는 중에, 그를 걱정하는 이들에게 한 말입니다. 바울은 매우 확신에 차 있습니다. 하나님이 자기에게 사명을 주셨고 그 사명을 완수해야 한다는 것입니다. "나에게는 아직 달려갈 길이 남아 있고, 아직 해야 할 사명이 있는데, 그 사명을 마치는 것은 내 생명보다 중요하다. 그러니 너희는 내 생명에 대해 걱정하지 말고 내가 사명을 완수하는 것을 위해 기도해 달라"는 것입니다. 문장의 표현 하나하

나가 살아서 우리를 향해 외치는 것 같습니다. 특별히 "나의 생명을 조금도 귀한 것으로 여기지 아니하노라"라는 외침은 매우 감동적입니다. 그가 어떤 사람이었는지 가장 선명하게 보여 주는 문장입니다. 또 한 문장을 살펴보겠습니다.

> 그러면 무엇이냐 겉치레로 하나 참으로 하나 무슨 방도로 하든지 전파되는 것은 그리스도니 이로써 나는 기뻐하고 또한 기뻐하리라(빌 1:18).

이 상황은 어떤 상황입니까? 바울이 복음을 전하다 감옥에 갇혀 있는 상황입니다. 그런데 교회 안에서 바울을 반대했던 사람들이 있는데, 바울이 감옥에 갇혀 있는 이때를 자신들의 영향력을 확대할 기회로 여겼습니다. 그들이 이 시기에 열심을 내어서 교회적으로 봤을 때 더 많은 이가 예수님을 믿게 되는 일이 일어났습니다. 어찌 보면 이 상황이 바울의 마음을 불편하게 만들 수 있습니다. 바울이 없는 것이 교회에 더 유익하다는 결론이 될 수 있기 때문입니다. 그런데 그 소식을 들은 바울이 이렇게 말합니다. "전파되는 것은 그리스도니 이로써 나는 기뻐하고 또한 기뻐하리라."

여러분, 바울은 전혀 자신에게 시선이 머물지 않습니다. 오직 복음, 오직 그리스도가 드러난다면 자신은 어떻게 되어도 좋다는 것입니다. 바울은 정말 위대한 복음 전도자였습니다. 유명한 책인, 「나는 죽고 예수로 사는 사람」(유기성 저, 규장 펴냄)의 원조는 바로 바울입니다. 그런데 여러분, 바울은 도대체 어떻게 이런 사람이 될 수 있었던 것일까요?

신앙생활을 하다 보면 우리는 종종 '침체'를 경험하게 됩니다. 어떤 사물이나 현상이 더 이상 전진하지 못하고 제자리에 머무는 것입니다. 대부분의 사람은 침체가 오면 이전에 받았던 좋은 느낌들은 다 잊어버리고, 영적인 힘을 잃습니다. 또 신앙적으로 살았던 모든 것을 포기해 버립니다. 이런 의미에서 저에게도 약한 부분이 많습니다. 쉽게 지치고, 쉽게 마음 상하고, 쉽게 낙담합니다. 제 아내는 그런 제 모습을 매우 잘 압니다. 제게는 늘 침체에 대한 두려움이 있습니다. 마음이 한없이 가라앉을 때 스스로 추스르며 일어나는 것이 얼마나 어려운지 모릅니다. 마음과 다르게 사람들 앞에서는 웃고, 사람들을 가르치고, 계속해서 설교하고 기도회를 인도하고 영적인 말을 하지만 그것이 얼마나 어려운 일인지 모릅니다. 그런데 여러분, 그게 저 혼자만의 이야기는 아닌 것 같습니다.

많은 성도가 삶의 어려움을 이야기합니다. 예수님을 안 믿는 것은 아닌데, 예수님이 멀리 계신 것처럼 느껴지고 특별히 나에게 관심 없는 것처럼 느껴지는 것이지요. 내가 타고 있는 배는 풍랑에 좌초할 것 같은데 주님은 그 배에 타고 있으면서도 잠들어 계시는 것 같다고 생각될 때가 있습니다. 기도해도 듣지 않으시고 불러도 대답하시지 않는 것 같습니다. 그래도 믿음으로 나아가야 하는 줄 알지만, 마음도 의지도 몸도 좀처럼 움직여지지 않습니다. 기도도 말씀도 예배도 다 그만두고 싶어지기도 합니다. 여러분, 그럴 때 우리는 어떻게, 또 어디서 다시 걸어갈 힘을 얻을 수 있을까요? 이것은 우리 중 몇몇에게만 해당하는 고민이 아니라 어쩌면 우리 모두가 해야 할 고민입니다.

교회가 주는 부담

저 같은 사람에게 바울의 강철 같은 의지는 부럽기도 하지만 또 한편으로는 이해할 수 없는 것이기도 합니다. 감옥에 갇히면 조금은 우울해야 하는 것 아닙니까? 조금이라도 낙담한 기색을 보여야 하는 것 아닙니까? 자신이 죽게 된다는 예언이 있는 예루살렘에 들어가려고 할 때도, 자신이 양육한 에베소 교회의 장로들과 마지막 만남을 가지고 떠나는 상황에서도 흔들리지 않습니다. 그런 상황이라면 조금은 우울해야 하지 않느냐는 겁니다. 그런데 거기서 바울은 "나의 생명을 조금도 아까운 것으로 여기지 아니하노라!" 하고 외칩니다. 도대체 어떻게 이런 고백을 할 수 있었던 것일까요?

여러분, 우리가 이 땅에 만들어 가야 하는 하나님 나라는 쉬엄쉬엄 만들 수 있는 나라가 아닙니다. '하나님의 마음'은 이것도 하고 저것도 하면서 이해할 수 있는 성질의 것이 아닙니다. '우리를 향한 하나님의 기대'는 잘 것 다 자고, 놀 것 다 놀면서 올라갈 수 있을 정도의 높이가 아닙니다.

요즘 교회들이 많이 어려워졌습니다. 그래서 어떻게 하면 사람들이 모일 수 있는 교회가 될지에 대한 고민을 많이 합니다. 이것은 교회 생존과 직결되는 문제입니다. 그래서 할 수 있는, 또 하는 선택 가운데 하나가 '성도가 편한 교회'입니다. 소비자가 왕이 되는 소비자 중심, 즉 성도에게 만족을 주는 곳으로서의 교회입니다. 그러나 여러분, 저는 교회가 그런 곳이 되어서는 안 된다고 확신합니다. 교회 안에 있지만 아무런 부담도 느끼지 않게 해주는 교회, 수년을 다녀도 마음이나 삶에 아무런 변화가 일어나지 않는 교회, 그래서 정말 마음 편하게, 원하는 대로 신앙생활과 일상을 살아갈 수 있게 해주는 교회, 적어도 그런 교회는 예수님이 주인 되시는 교회, 그리스도의 몸 된 교회는 아니라고 확신합니다. 교회는 하나님의 기준이 제시되는 곳이기에, 우리는 한없이 높은 그분의 기준 앞에서 늘 부담을 느낄 수밖에 없습니다. 주님의 뜻을 이루기 위해 나를 꺾어야 하기 때문에 때로는 너무 아픈 것이 설교이고, 주님의 몸인 다른 성도들과 보조를 맞춰야 하기 때문에 나를 꺾어야 하는 순간이 반드시 있는 곳이 교회입니다. 여러분이 교회 때문에 피곤하고 부담을 느끼고 때로는 정말 교회를 짐처럼 여기는 것이 어쩌면 당연하다는 말입니다.

그러나 여러분, 여전히 높은 목표가 있고, 그 목표를 향해 달려가는 것은 힘듭니다. 성경의 인물들도 그렇고, 우리가 알고 있는 신앙의 위인들도 그렇습니다. 그들의 일기는 그들의 절망과 좌절의 기록들로 가득합니다. 차이가 있다면 다시 일어나 그 길을 걸었고, 끝까지 걸었다는 것입니다. 과연 어떻게 그런 일이 가능한 걸까요? 저는 우리 성도들이 모르는 이야기를 하려는 것이 아닙니다. 아마 다 아시는 이야기일 것입니다. 그러나 이것이 기독교 복음의 핵심이기에 다시 점검하려는 것입니다.

바울을 달리게 한 것

바울이 그토록 열심히 하나님의 복음을 선포하며 이방인의 사도로 살 수 있었던 이유를 여러 가지로 설명할 수 있지만 저는 그 모든 것이 시작된 지점을 살펴보려 합니다. 우리가 읽었던 '한 날'에 대한 것입니다. 바울이 다메섹에 있는 그리스도인들을 잡아 가두려고 올라가던 길이었습니다. 그리고 그 길에서 부활하신 예수님을 만났습니다. 26장은 바울 사역에 대해 우호적인 태도를 취했던 총독 베스도와 유대 분봉 왕 아그립바에게 자신의 회심을 설명하는 부분입니다.

베스도는 합리적인 사람입니다. 그는 바울의 무죄에 대해서 확신했고 이미 재판을 통해서 로마법으로 바울의 무죄를 확언한 적 있는 사람입니다. 베스도가 바울의 잘못에 대해 사람들의 말만 듣고 선고할 수 없었기에 그는 유대인의 정서를 잘 알고 있는 아그립바 왕을 불러 함께 바울의 증언을 들어 보기로 했습니다. 이 아그립바 왕은 유대인들의 정서와 신앙이 어떠한지를 정확하게 아는 사람이었습니다. 총독 베스도와 분봉왕 아그립바는 외압 때문에 판결을 바꾼 본디오 빌라도에 비해 조금은 정의로운 사람이었습니다. 이들은 바울의 이야기를 들을 용의가 있었습니다. 그래서 바울이 자신의 회심 사건에 대해서 가장 많은 이야기를 하고 있는 부분이 바로 이 26장, 세 번째 기록인 것입니다. 모든 내용이 중요하지만 제가 나누고 싶은 부분은 이 한 구절입니다.

> 우리가 다 땅에 엎드러지매 내가 소리를 들으니 히브리 말로 이르되 사울아 사울아 네가 어찌하여 나를 박해하느냐 가시채를 뒷발질하기가 네게 고생이니라 내가 대답하되 주님 누구시니이까 주께서 이르시되 나는 네가 박해하는 예수라(행 26:14, 15).

바울이 만난 분

바울이 평생토록 달릴 수 있었던 이유는 그를 찾아오신 '부활하신 예수님' 때문이었습니다. 정오의 해보다 밝은 빛이 비췄습니다. 그 알 수 없는 신적 권능을 감당할 수 없었던 바울은 그 앞에 쓰러졌습니다. 그런데 어떤 음성이 들립니다. 바울은 그 권능 앞에 당신은 누구냐고 물었습니다. 그때 들린 대답은 "네가 핍박하는 예수"였습니다. 바울은 부활하신 예수님을 만나 버린 것입니다. 그 결과, 그의 삶은 완전히 바뀌었습니다.

어떤 이들은 기독교를 말할 때 '경험의 종교'라는 말을 씁니다. 기독교에 이성적, 철학적 요소가 없는 것은 아니지만 본질적으로 기독교는 하나의 사상이기보다는 '인격적인 하나님과의 관계'이기 때문입니다. 삼위 하나님은 하늘에 있는 신이 아니라 우리가 만나고 대화하고 함께 살아가는 방식으로 경험할 수 있는 하나님이기 때문입니다. 그분은 인격이고, 인격은 연구의 대상이기보다는 경험의 대상이기 때문입니다.

그런 의미에서 바울은 정확하게 부활하신 예수님을 만나 버렸습니다. 그러고는 곧바로 그 인격이신 예수님에 대해 전하는 자가 됩니다. 이것은 오늘날에도 중요합니다. 예수님에 대해서 다 알기 때문에 예수님을 믿는 것이 아닙니다. 예수님에 대해서 얼마의 지식이 쌓였기 때문에 예수님을 전하는 것도 아닙니다. 그분은 '인격'인 까닭에 어제 만났어도 그분이 좋으면 어제부터 그분을 사랑하게 되는 것입니다. 너무 좋은 그분을 다른 이도 알면 좋겠기에 오늘이 가기 전에 오늘 만난 그분에 대해 전하는 것입니다.

여러분, 저는 모든 성도와 성도의 가정 가운데 이 부활하신 그리스도를 만나는 경험이 있기를 원합니다. 낮의 해보다 밝은 빛 가운데 주님이 나타나시고 그분이 친히 말씀하시는 소리를 들을 수 있기를 원합니다. 그 영광에 압도되어 이 세상에 관하여 눈이 멀고, 세상적인 가치관이 타 버리며, 하나님을 위해, 하나님 나라를 위해 살기를 결단하는 일이 많아지기를 바랍니다. 그것은 2,000년 전 바울에게만 일어난 일이 아니라 그 이후 수많은 하나님의 사람의 삶 속에서 고백되어 온 빛입니다. 이 빛을 사모하십시오. 구하십시오. 그러면 주실 것입니다.

그 빛 속에 있는 것

그런데 26장에만 나오는 특별한 문장이 있습니다. 9장이나 22장에는 없는 '헬라어 속담'이 있습니다. 별로 중요하게 생각해 본 적 없는 문장인데 어느 날 이 문장이 제 눈이 밝히게 되었습니다.

가시채를 뒷발질하기가 네게 고생이니라(행 26:14).

예수님이 바울을 향해 "너는 왜 나를 핍박하느냐?"라고 물으셨습니다. 놀란 바울은 아무런 말도 못합니다. 그때 예수님이 대답하지 못하는 바울에게 말씀하십니다. 상식적으로 어떤 말이 이어졌을까요? "네가 나를 핍박해서 내가 너무 힘들었다!" 또는 "네 핍박으로 인해서 내 제자들이 너무 힘들어한다"입니다. 예수님이 바울에게 이렇게 특별한 방식으로 자신이 나타나게 된 이유를 알려 주시는 것이 문맥상 적절하기 때문입니다. 그런데 이상합니다. 갑작스럽게 어울리지 않는 속담이 기록되어 있습니다. "가시채를 뒷발질하기가 네게 고생이니라." 누구에게 고생이라고요? '네게'입니다. 즉 "사울 너에게 고생이기 때문에 이제 그만하라"는 것이지요.

제 마음에 이 한 문장이 계속해서 울렸습니다. "가시채를 뒷발질하기가 네게 고생이니라." 여러분, 이 표현은 당시 유행하던 유대인들의 속담입니다. 아직 고삐라는 것이 없을 때, 소의 방향을 이끌기 위해 소 엉덩이를 찌르는 도구가 있었는데, 이것이 '가시채'입니다.

엉덩이를 따끔하게 찔리면 소가 찔린 반대편으로 방향을 트는 것입니다. 그런데 소 가운데 멍청한 소가 있는데, 그 가시채를 향해 뒷발질하는 소입니다. 결과는 자기만 더 아플 뿐입니다. 사서 고생하는 사람, 자기에게 손해가 되는 짓을 계속하는 사람을 향해 사용하던 속담입니다. 지금 예수님은 사울이 교회를 박해하는 것을 보고, 그를 향해 "너에게 해가 되는 일, 너를 상하게 하는 그 일을 이제 그만하지 않겠니?"라고 말씀하시는 것입니다.

예수님의 말씀을 제 언어로 바꾸면 이렇습니다. "나를 공격하고 내 제자들을 잡아 넣으며, 내 교회를 무너뜨리려고 뛰어다니는 네 마음의 비명이 내게 들리는구나. 이제 그만 멈추지 않겠니? 너 왜 그렇게 아파하면서까지 교회를 핍박하려고 하느냐?"

바울에게 스데반은 매우 깊은 인상이 남은 사람입니다. 어떻게 알 수 있습니까? 사도행전 7장에 나와 있는 스데반의 설교를 보면 알 수 있습니다. 스데반의 설교는 무려 50절이 넘게 기록되어 있습니다. 누가 기록했습니까? 누가입니다. 그런데 누가는 스데반의 순교 자리에 없었습니다. 그리고 그 순교의 자리에 있었다고 해도 스데반이 한 그 긴 설교를 기억할 수 없습니다. 그런데 스데반의 설교가 거의 완벽하게, 누가가 쓴 사도행전에 기록되어 있습니다. 이것이 어떻게 가능할까요?

누군가가 누가에게 알려 주었겠지요. 누가에게 많은 영향을 끼치며, 동시에 스데반의 순교 자리에서 그 설교를 들은 사람, 심지어 그 설교를 듣고 정리해 두기까지 한 사람이 있습니다. 누구입니까?

누가와 함께 선교 여행을 다닌 바울입니다. 누가가 사도행전을 쓸 때, 스데반의 설교 핵심을 정확하게 재현할 수 있었던 것은 그 긴 설교를 바로 앞에서 들은 바울이 그 내용을 전해 주었기 때문입니다. 바울에게 스데반은 그만큼이나 선명하게 새겨진 사람입니다. 이후 바울이 된 사울의 독백으로 그날의 상황을 들어 보겠습니다.

사울의 독백

스데반은 전혀 예상 밖의 사람이었습니다. 저는 이 사람에게 겁을 주면 그가 믿는 예수에 대한 믿음을 포기할 거라고 생각했습니다. 산헤드린 공회에 죄수를 불러오면 대부분의 죄수가 그런 것처럼 자신의 소신 같은 것은 포기하기 때문입니다. 그런데 그날 스데반은 달랐습니다. 그는 마치 자신이 온 산헤드린을 심판하는 재판장이나 된듯, 당당하게 우리를 향해 하나님의 심판을 외쳤습니다. 한마디 한마디가 비수처럼 제 마음을 찔렀습니다. 어릴 적부터 율법과 역사를 배웠지만 율법과 역사에 대해 그토록 강력한 해석은 들은 적이 없습니다. 그러나 그 해석을 듣는 우리 얼굴은 분노로 붉어졌습니다. 어쩌면 그때 이미 저는 스데반이 옳고 우리가 틀렸다는 것을 알았던 건지도 모릅니다. 하지만 거기서 고개를 끄덕이면 이제껏 제가 쌓아 왔던 모든 것이 무너질 게 뻔했습니다. 순간 저도 모르게 제 귀를 막고 소리 질렀습니다. 우리는 순간 폭도로 변했고 뛰어들어 스데반을 잡아 성 밖으로 끌고 나왔습니다.

스데반은 떨고 있었습니다. 사람들과 저는 돌무더기 위에서 그를 내려다보았습니다. 그때, 스데반이 일어나 제 뒤편 하늘을 가리키며 외쳤습니다. "보라 하늘이 열리고 인자가 하나님 우편에 서신 것을 내가 보노라!" 순간 저도 모르게 고개를 돌려 하늘을 봤습니다. 제 눈에는 아무것도 보이지 않았습니다. 저는 두려웠습니다. 우리에게는 보이지 않는 무엇인가가 스데반에게는 보이는 것 같았기 때문입니다. 그때 누군가가 "성전을 무시하고 우리 하나님 여호와를 인정하지 않는 스데반을 죽여라!" 하고 소리 질렀습니다. 누가 시작했는지 모르겠지만 사람들이 돌을 던지기 시작했습니다. 거대한 분노가 한 영혼의 육신을 순식간에 집어 삼켰습니다.

처형이 끝났습니다. 누구도 입을 여는 사람이 없습니다. 저는 돌에 맞아 죽어 가는 스데반의 얼굴을 정면에서 봤습니다. 그것은 처형당해 죽어 가는 사형수의 얼굴이 아니었습니다. 그는 마치 깊은 잠, 수고로이 하루 일을 마치고 잠자리에 들어 '평안하게 잠든 행복한 어린아이 같은 얼굴'이었습니다. 그 후 며칠을 잠들 수 없었습니다. 스데반의 설교가 계속 제 귀에 울려 퍼졌습니다. 그가 죽기 전에 외쳤던 말, 그리고 그가 돌에 맞아 가면서 했던 기도들, 그리고 그의 표정이 계속해서 떠올랐습니다. 저는 가말리엘에게 배웠습니다. 저는 히브리인 중에 히브리인이고, 심지어 날 때부터 로마 시민권을 가지고 태어난 사람입니다. 이대로만 가면 저는 이스라엘에서 가장 유명한 랍비나 정치가가 될 수 있습니다. 그런데 스데반과 그 스데반이 믿는 예수라는 이름이 날 혼란스럽게 만들어 버렸습니다. 며칠 밤을 지새운 후 결정했습니다. 내게 이런 혼란을 준 예수쟁이들을 말살하겠노라고요. 모조리 잡아 들여 그들로 하여금 그들이 믿는 것이 거짓임을 드러내겠노라고 말입니다. 저는 대제사장에게 갔고 저의 분노를 설명했습니다. 제사장은 저에게 이단 심문과 관련한 전권을 주었습니다. 그 후 저는 미친 듯 예수쟁이들을 붙잡아 들였습니다.

그런데 시간이 지나도 스데반의 목소리가 지워지지 않았습니다. 미소를 머금고 자는 듯한 스데반의 그 얼굴이 제 눈에서 지워지지 않았습니다. 그가 외쳤던 심판의 목소리 때문에 두려워 놀라 깨고, 동시에 그가 그 죽음 앞에서 드렸던 평온한 기도 앞에 나도 모르게 벅차오르는 감동 때문에 울고 있었습니다. 나의 낮은 그리스도인을 죽이고 교회를 파괴하고 사람들을 잡아들이고 있지만, 나의 밤은 홀로 있는 그 시간에 하루 종일 잡아 들였던 이들이 갖고 있던, 이해할 수 없는 평온한 얼굴을 떠올리며 잠자는 듯 누워 있는 스데반을 봅니다. 나는 내 속에서 계속해서 올라오는, 인정할 수 없는 그 말, 스데반이 말한 그 그리스도가 참 하나님의 아들이 아닌가 하는 질문 속에서 싸우고 있었습니다. 매일 밤, 내 가슴은 찢겨질 대로 찢겨졌고, 내 영혼은 탄식으로 고갈되었으며, 내 육체는 슬픔과 분노와 오기로 소진되어 버렸습니다.

그 놀라운 사건이 있었던 날도 예루살렘에서 300킬로미터나 떨어진 다메섹으로 예수쟁이들을 잡으러 가는 길이었습니다. 그때 저는 정오의 태양보다 밝은 빛 앞에 고꾸라졌습니다. 너무나 밝고 너무 크고 너무나 거룩한 분, 제가 이제껏 여호와라 불렀던 그분이 제게 오신 것입니다. 땅바닥에 엎드린 저는 부들부들 떨고 있었습니다. 그때 크고 강한, 그러나 부드러운 음성이 제 귀에 들렸습니다. "사울아, 사울아." 그분은 제 이름을 부르셨습니다. 그리고 "왜 나를 핍박하느냐?"고 물으셨습니다. 그때 저는 마음이 편해졌습니다. 스데반 순교 이후에 제 마음 가운데 있던 거대한 혼란이 끝났기 때문입니다. 저의 잘못된 판단에 분노하는 신이 지금 제게 나타났기 때문입니다. 저는 분노하는 신의 손에 죽을 것이며 이 죽음보다 힘들었던 혼란에서 자유하게 될 것이기 때문입니다. 스데반이 맞았고, 제가 틀렸습니다. 그때 주님이 다시 말씀하셨습니다.

"가시채를 뒷발질하기가 네게 고생이니라." 이건 헬라인들의 속담입니다. '스스로 고생이 될 일을 그만하라'는 뜻입니다. 저를 찾아오신 부활하신 예수님이 지금 저를 향해 "나를 핍박하는 것이 너에게 고생이니 이제 그만하자!"라고 말씀하시는 것입니다. 제가 이제껏 얼마나 많은 당신의 아들과 딸들을 감옥에 가두고, 때리고, 괴롭히는 데 열심을 냈는지 아실 텐데, 그들의 탄식과 슬픔과 기도를 다 들으셨을 텐데, 지금 그분이 저를 찾아오셔서 "그동안 날 핍박하느라 고생 많았다. 이제는 그만 아프자!"라고 말씀하시네요. "너, 스데반이 순교하던 날이 생각나서 많이 울었지? 밤마다 혼란 속에서 잠못 이뤘지? 매일 네 침상이 눈물로 젖었지? 네 양심이 너를 채찍질했지? 아무도 알아주지 않는 너의 그 슬픈 밤, 그 밤들을 홀로 보내

느라 힘들었지? 이제 그만해라. 그 정도면 충분하지 않니?"

사랑에 항복하다

여러분, 바울은 스데반을 죽였습니다. 그러나 바울의 마음에는 늘 스데반에게 들었던 설교와 그 죽음이 준 충격이 남아 있었습니다. 어쩌면 그 충격이 몹시 컸기 때문에 그토록 열심히 교회를 박해했는지도 모릅니다. 그런데 이제 부활하신 예수님이 나타나셨습니다. '이제 끝났구나. 나는 신의 저주를 받아 죽겠구나'라고 생각했을 것입니다. 그런데 그 순간 나타나신 예수님이 "가시채를 뒷발질하는 것이 너에게 고생이구나"라고 말씀하셨습니다. "나를 향한 너의 핍박이 오히려 너 자신을 너무나도 상하게 한다"고 말씀하시며 "그 핍박을 거두고, 그 마음의 고통에서 벗어나 네가 생각하는 대로 이제는 진리 안에서 이 진리와 함께 사는 삶을 살라"고 초청하신 것입니다. 그 주님의 사랑 가득한 표정과 목소리 앞에 바울은 굴복하고 말았습니다.

여러분, 하나님의 거대한 영광에 사로잡히는 것이 중요합니다. 강력한 하나님의 임재를 경험하는 것이 우리 신앙의 중요한 전환점이 될 수 있습니다. 그러나 그 빛으로 사람이 바뀌는 것은 아닙니다. 우리는 하나님의 거대한 영광의 빛 앞에 주님을 두려워하고, 우리의 잘못된 삶에 대해 용서를 구할 수 있습니다. 그러나 그 두려움은 시간이 지나면 점점 약해지고 결국에는 이전 상태로 돌아가 버립니다.

하나님의 사람들이 끝까지 믿음의 길을 완주할 수 있게 해준 힘은, 넘어져도 일어나고 죽은 것 같다가도 또 일어나는 그 능력은 단지 영광의 주를 만났기 때문만은 아닙니다. 영광의 주께서 우리를 사랑하시는 것을 경험했기 때문입니다. 그 하나님이 내 이름을 부르십니다. 그 빛 가운데서 우리를 향해 손 내밀어 붙드십니다. 나를 끌어안으시고, 내 귓가에 내가 아무에게도 말하지 못했던 상한 것, 아픔, 고통과 갈망의 것들을 안다고 말씀하십니다. 그리고 그럼에도 나는 너를 사랑한다고 말씀하십니다.

여러분이나 저나 같습니다. 우리는 다 도망치고 싶을 때가 있고 숨어 버리고 싶을 때가 있습니다. 마음이 타 버리고, 기도할 수 없으리만큼 낙담되는 일도 있습니다. 체력이 소진되어 아침에 일어나는 것이 고통스러운 날도 있습니다. 이것은 여러분이나 저나 똑같습니다. 하나님이 쓰겠다 하시면 그래도 일어나려 합니다. 하나님이 원하시면 타 버린 마음으로 또 사랑하려 합니다. 하나님이 오라 하시면 기도할 수 없는 마음으로라도 기도의 자리에 나가려 합니다. 도망치다가도 주께서 부르시면 그분이 원하시는 자리에 서려 합니다. 왜 그렇게 합니까? 영광 가운데 계신 이, 만물을 창조하신 아버지께서 나를 사랑하시기 때문입니다. 정오의 태양보다 환한 빛으로 임하시는 그분이 내 이름을 부르시며, 내 아픔과 상함에 대해 물어 보시기 때문입니다. 그분이 그분의 손으로 나를 만지시고, 그분의 입김을 내게 불어 넣으시기 때문입니다. 그분 심장의 두근거림이 느껴지고 그분의 연민과 사랑의 눈을 경험하기 때문입니다.

여러분, 이것이 '좋은 소식'을 넘어서는 '복음'입니다. 하나님의 사랑이 먼저입니다. 사울은 핍박자이며 기독교의 적이었습니다. 예수님은 그런 사울을 향해 찾아와 사랑을 고백하심으로 설득하셨습니다. 성도 여러분, 우리 삶도 마찬가지입니다. 성도는 하나님의 사랑에 항복한 자들이며, 그 크신 하나님의 사랑 때문에 하나님을 사랑하게 된 자들입니다. 그리고 그분을 사랑하기에 이제 그분이 사랑하시는 이 세상을 사랑하고, 이 세상의 회복을 위해 오늘도 힘을 내어 또 그렇게 사는 것입니다.

여러분, 이 길을 함께 걸어갈 수 있기를 원합니다. 날마다 주님이 주신 사랑을 기억하고 그 사랑에 감격해서 오늘 그 사랑으로 내가 할 수 있는 최선을 살아가야 합니다. 넘어지는 날도 있지만 또 그 사랑에 기대어 일어나 주님을 위한 삶을 살아가야 합니다. 모든 성도가 함께 이 길을 끝까지 걸을 수 있기를 간절한 마음으로 소원합니다.

못 자국 난 주님의 손을
만져 보지 않아도 알 수 있습니다

도마는 자신의 간절한 소원에 반응하여 찾아오신 부활하신 주님의 얼굴을 봤습니다. 자신을 향해 내미시는 못 자국 난 주님의 손을 봤습니다. 그분 옆구리에 있는 깊은 상처의 흔적을 봤습니다. 굳이 자기 손을 내밀어 그 상처를 만져 보지 않아도 알 것 같았습니다.

"이분은 나를 위해 십자가에 달려 돌아가신 나의 예수님입니다. 사망을 이기고 부활하신 내 주님입니다. 이제 나는 부활을 믿습니다. 아니, 나는 예수님의 모든 것을 믿습니다. 사망을 이기신 왕, 그리고 나의 비명 같은 기도를 들으신 나의 주께서 지금 나에게 찾아와 주셨기 때문입니다."

도마는 주님 앞에 엎드립니다. 그의 입에서 그가 할 수 있는 최고의 고백이 흘러나옵니다.

도마가 대답하여 이르되

나의 주님이시요

나의 하나님이시니이다

(요 20:28)

예수님을 만난 신약의 사람들

진정한 자유를 꿈꾸는 당신에게

초판 발행	2023년 11월 10일
초판 3쇄	2024년 8월 5일
지은이	조영민
발행인	손창남
발행처	(주)죠이북스(등록 2022. 12. 27. 제2022-000070호)
주소	02576 서울시 동대문구 왕산로19바길 33 , 1층
전화	(02) 925-0451 (대표 전화)
	(02) 929-3655 (영업팀)
팩스	(02) 923-3016
인쇄소	송현문화
판권소유	ⓒ(주)죠이북스
ISBN	979-11-984567-6-2 04230
	979-11-984567-4-8 04230 (세트)